頭にしみこむ
メモリータイム！

寝る前5分暗記ブック

中3 高校入試

改訂版

Gakken

もくじ

★社会

★国語 ※国語は後ろ側から始まります。

この本の特長と使い方

★この本の特長

暗記に最も適した時間「寝る前」で，効率よく暗記！

この本は，「寝る前の暗記が記憶の定着をうながす」というメソッドをもとにして，中学3年間の5教科の重要なところだけを集めた参考書です。

暗記に最適な時間を上手に活用して，中学3年間の重要ポイントを効率よくおぼえましょう。

★この本の使い方

この本は，1項目2ページ（3ページもあります）の構成になっていて，5分間で手軽に読めるようにまとめてあります。赤フィルターを使って，赤文字の要点をチェックしてみましょう。

①

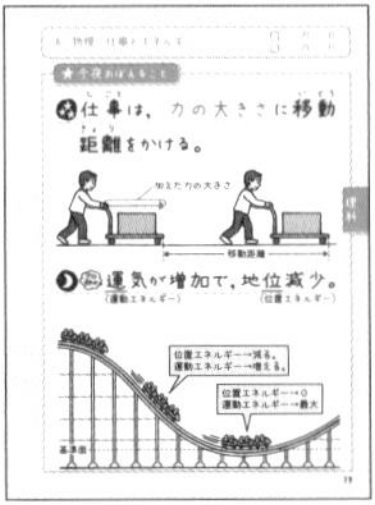
仕事は，力の大きさに移動距離をかける。
加えた力の大きさ
移動距離
運気が増加で，地位減少。
（運動エネルギー）
（位置エネルギー）
位置エネルギー→減る。
運動エネルギー→増える。
位置エネルギー→0
運動エネルギー→最大
基準面

②

仕事(J)＝力の大きさ(N)×移動距離(m)
仕事率(W)＝仕事(J)／かかった時間(s)
定滑車
動滑車
10kg
動滑車を1つ使うと，力の大きさは半分になるけど，ひもを引く距離は2倍になるよ。
位置エネルギーと運動エネルギーの和を力学的エネルギーといい，エネルギーが移り変わっても一定に保たれます。これを力学的エネルギー保存の法則といいます。
（ふりこ）
基準面

① 1ページ目の「今夜おぼえること」（英語では「今夜のお話」）では，その項目の重要ポイントを，ゴロ合わせや図解でわかりやすくまとめてあります。また，中1や中2の内容には，しるしをつけています。

② 2ページ目の「今夜のおさらい」では，1ページ目の内容をやさしい文章でくわしく説明しています。読み終えたら，「寝る前にもう一度」で重要ポイントをもう一度確認しましょう。

1. 現在／過去／未来の文:「はじめまして」

□ 月 日
□ 月 日

英語

★今夜のお話

Hi, I'm Lisa Green.
こんにちは，私はリサ・グリーンです。

中2の復習

I was born in New York.
私はニューヨークで生まれました。

中1の復習

I came to Japan last month.
私は先月日本に来ました。

I'm interested in Japanese food.
私は日本食に興味があります。

I often go to a sushi bar with my family.
私はよく家族とおすし屋さんへ行きます。

I like sushi, but I don't know the names of the fish yet.
私はおすしが好きですが，魚の名前がまだわかりません。

中2の復習

I'm going to stay in Japan until next year.
私は来年まで日本に滞《たい》在する予定です。

I hope I'll make a lot of friends.
たくさん友達をつくれればいいなと思っています。

Thank you.
ありがとうございます。

★今夜のおさらい

be動詞は，現在の文ではam, is, areを，過去の文なら was , were を使い分けるのでしたね。

過去の文では動詞を過去形にします。一般動詞の過去形は語尾に ed や d をつけたり，不規則に変化したりします。

〈過去を表す語句〉

yesterday morning （昨日の朝）

last week （先週） last summer （この前の夏）

two years ago （2年前） an hour ago （1時間前）

未来の文は，動詞の前に，be going toか will を入れます。あとの動詞は 原形 にします。

〈未来を表す語句〉

tomorrow morning （明日の朝）

next week （来週） next Saturday （次の土曜日）

寝る前にもう一度

答えはp.5を見よう

「私はニューヨークで生まれました」

「私は先月日本に来ました」

「私は来年まで日本に滞在する予定です」

2. 助動詞：「早退してもいいですか」

□　月　日
□　月　日

★今夜のお話

Mr. Smith : Are you OK, Saki?
スミス先生：　大丈《じょう》夫，サキ？

What's wrong?
どうしたの？

Saki : Hello, Mr. Smith. I have a headache and I feel cold.
サキ：　こんにちは，スミス先生。　頭痛がして，寒いです。

May I go home early today?
今日は早退してもいいですか。

Mr. Smith : Yes, of course.
はい，もちろんです。

Saki : Must I hand in this paper today?
今日，このレポートを提出しなければなりませんか。

中2の復習

Mr. Smith : No, you don't have to.
いいえ，その必要はありません。

You should see a doctor.
医者に診《み》てもらったほうがいいですよ。

Saki : OK, I will.
わかりました，そうします。

★今夜のおさらい

May I ～?は「～してもいいですか」と許可を求める言い方です。友達同士では，Can I ～?をよく使います。

May I ～?や Can I ～?には，次のように答えます。

・「いいですよ」は，Sure. / All right. / Why not? / Go ahead.（さあ，どうぞ。）など。

・「いいえ，だめです」は，I'm sorry, you can't.

must も have to も「～しなければならない」という意味です。否定文の意味に注意しましょう。

例 You must not open this door.
（あなたはこの戸を開けてはいけません。）－禁止

You don't have to clean the window.
（あなたは窓をそうじする必要はありません。）－不必要

should は「～したほうがよい」という意味です。助動詞のあとの動詞はいつも原形にします。

寝る前にもう一度

答えはp.7を見よう

「今日は早退してもいいですか」

「いいえ，（あなたは）その必要はありません」

「医者に診てもらったほうがいいですよ」

★今夜のお話

Lisa : Saki, I saw you near the station yesterday. 中2の復習 You looked happy.

リサ： サキ，昨日駅の近くであなたを見たわ。 あなたはうれしそうだったわね。

Saki : Yeah, 中2の復習 my dad bought me a dog!

サキ： そうなの， 父が私に犬を買ってくれたの！

Lisa : That's nice. What's its name?

それはすてきね。 名前は何て言うの？

Saki : We named it Max.

マックスって名づけたよ。

Lisa : Let me see Max sometime.

いつか私にマックスを見せて。

Saki : Sure, anytime!

もちろん，いつでも！

★今夜のおさらい

〈look+形容詞〉は「～に見える」という意味です。次の動詞も同じような文型をつくります。

become（～になる）　get（～になる）
feel（～と感じる）　sound（～に聞こえる）

〈buy+A+B〉は「A（人）にB（物）を買う」という意味です。次の動詞も同じような文型をつくります。

give（AにBを与える）　show（AにBを見せる）
tell（AにBを伝える）　send（AにBを送る）

〈name+A+B〉は「AをBと名づける」という意味です。次の動詞も同じような文型をつくります。

call（AをBと呼ぶ）　make（AをBにする）

○〈let+A+動詞の原形〉は「（希望通り）Aに～させる」という意味です。〈make+A+動詞の原形〉も「（むりやり）Aに～させる」。

寝る前にもう一度

答えはp.9を見よう

「あなたはうれしそうでした」
「父が私に犬を買ってくれました」
「私たちは（それを）マックスと名づけました」

★今夜のお話

Saki : Hello, Lisa. Welcome to my house.
サキ： こんにちは，リサ。 ようこそわが家へ。

Lisa : Hi, Saki. Thank you for inviting me.
リサ： こんにちは，サキ。 招待してくれてありがとう。

Ms. Sato : Hi, Lisa. I'm happy to meet you.
佐藤さん： こんにちは，リサ。 あなたに会えてうれしいわ。

Saki told me a lot about you.
サキはあなたのことをたくさん話してくれたわ。

Lisa : Nice to meet you, Ms. Sato.
はじめまして，佐藤さん。

Ms. Sato : Was it difficult
私たちの家を見つけるのは難しかった？

to find our house?

Lisa : Not at all.
いいえ，まったく。

Saki drew me a nice map.
サキがわかりやすい地図を描いてくれました。

Saki : Oh, I'm glad to hear that.
まあ，それを聞いてうれしいわ。

★今夜のおさらい

不定詞は，感情を表す形容詞のあとにきて，「～して」という意味で，感情の原因を表します。

be happy / glad to ～　～してうれしい

be sorry to ～　～して残念だ

be sad to ～　～して悲しい

be surprised to ～　～して驚いている

例 **I was surprised to see Tom there.**
（わたしはそこでトムに会って驚きました。）

It … to ～.で「～することは…だ」という意味です。このitは形式的な主語で，「それ」という意味はありません。本当の主語はto ～です。

例 **It's important to learn a foreign language.**（外国語を学ぶことは大切です。）

「～にとって」は，不定詞の前にfor ～を入れます。

例 **It was easy for him to ski.**
（彼にとってスキーをすることは簡単でした。）

寝る前にもう一度

答えはp.11を見よう

「あなたに会えてうれしいです」

「私たちの家を見つけることは難しかったですか」

★今夜のお話

Tom : Mr. Smith told me to go to the
トム：スミス先生がぼくに美術館へ行くように言ったんだ。

art museum. But I don't know
でも，ぼくはそこへの行き方がわからないんだ。

how to get there.

Can I walk there?
そこへは歩いていける？

Saki : No. It's too far to go on foot.
サキ：ううん。 歩いていくには遠すぎるわ。

You should take the bus.
バスに乗るといいわね。

Do you want me to go with you?
いっしょに行ってあげようか。

Tom : Oh, thank you. You're so kind, Saki.
うん，ありがとう。 とっても親切だね，サキ。

Saki : I often go to the art museum to
私は大好きな絵を見るために，よく美術館に行くの。

see my favorite pictures.

★今夜のおさらい

〈tell 人 to ～〉は「(人)に～するように言う」という意味です。同じような用法の動詞を見てみましょう。

- ask 人 to ～　(人)に～するように頼む
- want 人 to ～　(人)に～してほしい

how to ～は「～のしかた」という意味です。how以外の〈疑問詞+to ～〉も見てみましょう。

- what to ～　何を～するべきか
- where to ～　どこに[で]～するべきか
- when to ～　いつ～するべきか

例 **It was easy to decide what to buy.**

(何を買うべきか決めるのは簡単でした。)

too … to ～は「～するには…すぎる」「あまりに…すぎて～できない」という意味です。

寝る前にもう一度

答えはp.13を見よう

- 「スミス先生が私に美術館へ行くように言いました」
- 「でも，私はそこへの行き方がわかりません」
- 「歩いていく(足でいく)には遠すぎます」

6. 比較の文：「歴史がいちばん好き」

□ 月 日
□ 月 日

英語

★今夜のお話

Saki : What subject do you like the best?
サキ： 何の教科がいちばん好き？

中2の復習

Tom : I like history the best of all the
トム： ぼくはすべての教科の中で歴史がいちばん好きかな。

subjects. I want to visit Nara.
ぼくは奈良を訪れてみたいんだ。

It's one of the oldest cities in
日本で最も古い都市の１つなんだよ。

Japan. How about you?
君はどう？

Saki : I like history, too, but I think
私も歴史は好きだけど，

中2の復習

science is more interesting
理科は歴史よりおもしろいと思うな。

than history.

Tom : Really? For me,
ほんと？ ぼくにとっては，

中2の復習

science is as difficult as math.
理科は数学と同じくらい難しいよ。

★今夜のおさらい

like ～ the best of[in]… は「…の中で～がいちばん好きだ」という意味です。「AよりBが好きだ」は，like B better than A と言います。

例 **I like summer better than spring.**
（私は春より夏が好きです。）

〈比較級＋than …〉は「…より～」という意味です。比較級，最上級は，形容詞や副詞の語尾にふつうはerやestをつけますが，つづりの長い語の場合は前にmoreやmostをつけます。

例 **My book is older than his.**
（私の本は彼のより古い。）

My book is the oldest of the three.
（私の本は3冊の中でいちばん古い。）

as ～ as …は「…と同じくらい～」という意味。not as ～ as …は「…ほど～でない」です。

寝る前にもう一度

答えはp.15を見よう

- 「私はすべての教科の中で歴史がいちばん好きです」
- 「理科は歴史よりおもしろい」
- 「理科は数学と同じくらい難しい」

★ 今夜のお話

Tom: I am impressed by this picture.
トム： ぼくはこの絵に感動しているよ。

Do you know this?
これ知ってる？

Saki: Yes, it's actually my favorite.
サキ： ええ，実はそれが私のお気に入りよ。

It was painted by Picasso.
それはピカソによって描《えが》かれたの。

It's called "the Weeping Woman."
「泣く女」と呼ばれているわ。

Tom: When was it painted?
それはいつ描かれたの？

Saki: In 1937. He painted a lot of pictures like this.
1937年よ。 彼はこのような絵をたくさん描いたの。

★今夜のおさらい

「～される」という受け身の文は〈be動詞＋過去分詞〉の形で表します。be動詞は主語に合わせて，am, is, areを使い分けます。否定文はbe動詞のあとにnotを入れます。

例 **I'm not invited to the party.**

（私はパーティーに招待されていません。）

過去の受け身の文は〈was／were＋過去分詞〉の形で表します。

例 **This book was written by Natsume Soseki.**

（この本は夏目漱石によって書かれました。）

受け身の疑問文はbe動詞を主語の前に出します。

例 **Was this house built 100 years ago?**

（この家は100年前に建てられたのですか。）

寝る前にもう一度

答えはp.17を見よう

「私はこの絵に感動しています」

「それはピカソによって描かれました」

「それはいつ描かれたのですか」

★今夜のお話

Lisa : Hi, Saki. How long have you been in the library?

リサ：こんにちは，サキ。いつから図書館にいるの？

Saki : Hi, Lisa. I've been here since 9 a.m.

サキ：こんにちは，リサ。朝の９時からずっとここにいるよ。

I've just finished my homework.

ちょうど宿題が終わったところよ。

Lisa : Great! By the way, have you ever seen this movie?

すばらしい！ ところで，あなたは今までにこの映画を見たことがある？

Saki : No, but I've wanted to see it.

ないわ，でも見たいと思っていたのよ。

Lisa : Why don't we see it tomorrow?

明日見るのはどう？

Saki : Sure!

いいわね！

★今夜のおさらい

<have / has+過去分詞>と<have / has+been+〜ing>は，「(ずっと)〜している」という継《けい》続を表す言い方になります。

例 **I have lived here for ten years.**

(私は10年間ここに住んでいます。)

He has been running for an hour.

(彼は1時間ずっと走っています。)

<have / has+過去分詞>は，「〜したところだ」「〜してしまった」という完了を表します。

例 **Have you finished lunch yet?**

(あなたはもう昼食を食べ終えましたか。)

<have / has+過去分詞>は，「〜したことがある」という経験を表す言い方にもなります。

例 **I've never seen this movie.**

(私はこの映画を一度も見たことがありません。)

寝る前にもう一度

答えはp.19を見よう

- 「あなたはいつから(どのくらい長く)図書館にいるのですか」
- 「私はちょうど宿題が終わったところです」
- 「あなたは今までにこの映画を見たことがありますか」

★今夜のお話

Saki : What are you doing, Tom?

サキ： 何をしているの，トム？

Tom : I'm reading a book Lisa lent me.

トム： リサが貸してくれた本を読んでいるんだ。

It's a book written by a young writer.

それは若い作家が書いた本なんだ。

Saki : Is it the book which moved Lisa the most this year? It's about a boy traveling around the world, isn't it?

それは今年，リサをいちばん感動させた本かな？ 世界中を旅行している少年の物語よね？

Tom : That's right.

その通りだよ。

★今夜のおさらい

〈主語+動詞 〜〉のまとまりが，前の名詞を修飾《しょく》することがあります。

the book I bought yesterday

（私が昨日買った本）

過去分詞や現在分詞が語句を伴って，前の名詞を修飾することがあります。

an e-mail written in English（英語で書かれたメール）

the girl playing the piano（ピアノをひいている女の子）

〈関係代名詞+動詞 〜〉のまとまりが，前の名詞を修飾している文です。関係代名詞は修飾する名詞が「人」なら who を，「物や動物」なら which を使います。

the man who lives in Osaka（大阪に住んでいる男の人）

the song which makes her happy（彼女を幸せにする歌）

寝る前にもう一度

答えはp.21を見よう

「私はリサが貸してくれた本を読んでいます」

「それは若い作家によって書かれた本です」

「それは今年，リサをいちばん感動させた本ですか」

10. 間接疑問文：「何がほしいか知りたい」

□ 月 日
□ 月 日

★今夜のお話

Tom : Lisa's birthday is next week.
トム： リサの誕生日は来週だね。

I'd like to give her a present.
ぼく，彼女にプレゼントをあげたいんだ。

Do you know what she wants?
彼女が何をほしがっているのか知ってる？

Saki : I think she wants a red wallet.
サキ： 赤い財布をほしがっていると思うよ。

Tom : Can you tell me
どこで買えるか教えてくれる？

where I can buy it?

Saki : You can get it at ABC shop.
ABC ショップで買えるよ。

But I don't know how much it is.
でも， それがいくらかは知らないわ。

Tom : I hope it's not expensive.
高くなければいいんだけど。

★今夜のおさらい

疑問詞で始まる疑問文がほかの文の中に入ると，疑問詞のあとの語順が変わります。一般動詞の疑問文は，doやdoesがなくなり，ふつうの文になります。

例 What does she want?

↓ ↓

I know what she wants.

（私は彼女が何をほしがっているか知っています。）

助動詞のある疑問文の場合も，疑問詞のあとはふつうの文と同じ語順になります。

例 I don't know where he will go.

（私は彼がどこへ行くつもりなのか知りません。）

be動詞の疑問文の場合も，疑問詞のあとはふつうの文と同じ語順になります。

例 Do you know what this is?

（あなたはこれが何か知っていますか。）

寝る前にもう一度

答えはp.23を見よう

「あなたは彼女が何をほしがっているのか知っていますか」

「どこでそれを買えるか教えてくれますか」

「私はそれがいくらかは知りません」

★今夜のお話

Tom : It's raining today.
トム： 今日は雨だね。

I wish it were sunny today.
今日が晴れだったらいいのになあ。

Saki : What do you mean?
サキ： どういうこと？

Tom : If it were sunny, I would play
もし晴れだったら，放課後にテニスをするのになあ。

tennis after school.

Saki : I see. If it's fine next Saturday,
わかったわ。 次の土曜日が晴れなら，

I'm going to play tennis.
テニスをする予定なの。

Would you like to join us?
いっしょにしない？

Tom : Sure. I'd love to.
もちろん。 喜んで。

I hope it will be sunny next Saturday.
次の土曜日が晴れたらいいなあ。

★今夜のおさらい

現在の事実に反する実現不可能なことを仮定して「～だったらいいのになあ」と言うときは，**I wish**のあとに〈主語+（助）動詞の過去形 ～.〉で表します。

例 **I wish I could fly.**
（飛べたらいいのになあ。）

実現可能なことなら，I hopeを使うよ。

現在の事実に反することを仮定して「もし～だったら，…なのになあ」と言いたいときは，〈**If**+主語+動詞の過去形 ～，主語+**would[could]**+動詞の原形 ….〉で表します。**be**動詞の過去形はふつう**were**を使います。

例 **If I were you, I would help her.**
（もし私があなたなら，彼女を手伝うのになあ。）

If it is sunny tomorrow, I will go hiking.
（もし明日が晴れなら，私はハイキングに行きます。）

現実にありえることを条件にして「もし～だったら…」と言うときは，ふつうのifの文にするよ。

寝る前にもう一度

答えはp.25を見よう

「今日が晴れだったらいいのになあ」

「もし晴れだったら，放課後にテニスをするのになあ」

★単語

●名詞：月名

- □ January 1月
- □ February 2月
- □ March 3月
- □ April 4月
- □ May 5月
- □ June 6月
- □ July 7月
- □ August 8月
- □ September 9月
- □ October 10月
- □ November 11月
- □ December 12月

●名詞：曜日名

- □ Sunday 日曜日
- □ Monday 月曜日
- □ Tuesday 火曜日
- □ Wednesday 水曜日
- □ Thursday 木曜日
- □ Friday 金曜日
- □ Saturday 土曜日

つづりを正しく
書けるようにしておこう。

●名詞：職業など

- □ teacher 教師
- □ student 学生，生徒
- □ doctor 医師
- □ nurse 看護師
- □ singer 歌手
- □ writer 作家
- □ tennis player テニスの選手

名詞：建物・施設など

□ city	街，都市	□ town	町
□ street	通り	□ station	駅
□ library	図書館	□ hospital	病院
□ museum	博物館	□ zoo	動物園
□ mountain	山	□ river	川
□ forest	森	□ village	村
□ park	公園	□ flower	花

動詞

□ read	読む	□ write	書く
□ speak	話す	□ practice	練習する
□ ask	たずねる	□ answer	答える
□ teach	教える	□ learn	学ぶ
□ cook	料理する	□ wash	洗う
□ visit	訪問する	□ stay	滞在する
□ sing	歌う	□ dance	踊る
□ remember	覚えている	□ forget	忘れる
□ build	建てる	□ break	こわす
□ stand	立つ	□ sit	すわる
□ wait	待つ	□ move	移動する
□ buy	買う	□ find	見つける

●形容詞・副詞

- □ young　若い
- □ popular　人気のある
- □ interesting　おもしろい
- □ difficult / hard　難しい
- □ favorite　お気に入りの
- □ fast　速い，速く
- □ busy　忙しい
- □ important　大切な／重要な
- □ angry　怒った
- □ always　いつも
- □ often　しばしば
- □ happy　幸せな
- □ famous　有名な
- □ beautiful　美しい
- □ easy　簡単な
- □ foreign　外国の
- □ early　早い，早く
- □ free　ひまな
- □ tired　疲れた
- □ clean　きれいな
- □ usually　たいてい
- □ sometimes　ときどき

●前置詞

- □ after lunch
  昼食後に
- □ without an umbrella
  かさを持たないで
- □ until noon
  正午まで（ずっと）
- □ by noon
  正午までに
- □ near my house
  私の家の近くに
- □ before breakfast
  朝食前に
- □ under the table
  テーブルの下に

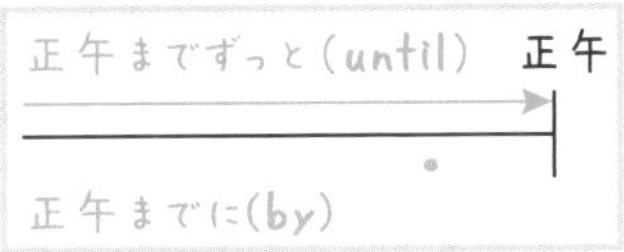

- □ during the summer
  夏の間（中）に

★熟語

●動詞を中心にした熟語

have
- □ a good time
  楽しい時間を過ごす
- □ fun
  楽しむ
- □ a cold
  かぜをひいている

take
- □ a picture
  写真を撮る
- □ a bus
  バスに乗る
- □ care of the dog
  犬の世話をする

□ look at the picture
写真を見る

□ listen to music
音楽を聞く

□ get up at six
6時に起きる

□ get to Sapporo
札幌に着く

□ get on the bus
バスに乗る

□ get off the bus
バスを降りる

□ hear from him
彼から連絡［便り］がある

□ wait for them
彼らを待つ

□ try on a shirt
シャツを試着する

□ agree with Ken
健に同意する

□ help me with my homework
私の宿題を手伝う

□ look forward to seeing you
あなたに会うのを楽しみに待つ

● be動詞で始まる熟語

- □ be interested in American culture
  アメリカ文化に興味がある
- □ be good at speaking English
  英語を話すのが得意だ
- □ be different from your opinion
  あなたの意見と異なる
- □ be famous for its cherry trees
  桜の木で有名だ
- □ be late for school
  学校に遅れる

● 前置詞で始まる熟語など

- □ at first
  最初は
- □ in front of my house
  私の家の前で
- □ of course
  もちろん
- □ for a long time
  長い間
- □ between A and B
  AとBの間に
- □ at last
  最後は，ついに
- □ after school
  放課後
- □ for example
  たとえば
- □ for the first time
  初めて
- □ all over the world
  世界中で

★会話表現

●電話

□ May / Can I speak to Tom, please? － Speaking.
トムをお願いします。 － 私です。

□ Shall I take a message?
伝言をおうかがいしましょうか。

□ Can I leave a message?
伝言をお願いできますか。

□ Thank you for calling.
電話をくれてありがとう。

□ You have the wrong number.
番号が違《ちが》います。

□ Just a minute, please. ちょっと待ってください。

よく出る表現を
場面ごとに覚えよう。

●買い物

□ May / Can I help you?
お手伝いしましょうか。／いらっしゃいませ。

□ I'm looking for a sweater.
セーターを探しています。

□ How / What about this red one?
この赤い色のものはいかがですか。

□ Do you have a smaller one?
もっと小さいのはありますか。

□ I'll take it.
それをいただきます。

□ How much is it?
いくらですか。

●道案内

- ☐ Could / Would you tell / show me the way to the station?
  駅へ行く道を教えていただけますか。
- ☐ How can I get / go to the museum?
  博物館へはどのようにして行くことができますか。
- ☐ Turn right at the second corner.
  2つ目の角を右に曲がってください。
- ☐ You'll see it on your left. You can't miss it.
  左手にそれが見えます。見逃すことはありません。
- ☐ How long does it take to get there?
  そこに着くのにどれくらい時間がかかりますか。
- ☐ I'm sorry, I'm a stranger here.
  すみませんが，私はこの辺はよく知らないんです。

会話表現は
リスニングでもよく出るよ。

●乗り物の案内

- ☐ Can you tell me how to get to the stadium?
  競技場への行き方を教えてくれませんか。
- ☐ You can get there by bus.
  バスでそこへ行くことができます。
- ☐ Take that yellow bus.
  あの黄色いバスに乗ってください。
- ☐ Which bus goes to Shibuya Station?
  どのバスが渋《しぶ》谷駅に行きますか。
- ☐ Where should I get off?
  どこで降りればいいですか。

●体調を気づかう・伝える

□ What's wrong?
どうしましたか。

□ What's the matter?
どうしましたか。

□ I have a headache. − That's too bad.
頭痛がします。− それはお気の毒に。

□ How do you feel today? − I feel much better.
今日の気分はどうですか。− ずっと気分がいいです。

●あいさつなど

□ Nice to meet you.
はじめまして。

□ Thank you for helping me. − You're welcome.
手伝ってくれてありがとう。− どういたしまして。

□ I'm sorry I'm late. − That's all right.
遅れてすみません。− いいんですよ。

●誘う・提案する

明日，買い物に行きませんか。

□ Would you like to go shopping with me tomorrow?

□ Why don't we go shopping tomorrow?

□ Shall we go shopping tomorrow?

□ How about going shopping tomorrow?

1つの日本語の文でも
色んな表現のしかたがあるんだね。

★今夜おぼえること

中1の復習

☆減法は，ひく数の符号《ふごう》を変えて，加法になおして計算。

減法を加法に

例　$(-7)-(-2)=(-7)+(+2)=-5$

符号を変える

中1の復習

☽四則の混じった計算は，( )の中・累乗《るいじょう》→×・÷→＋・－の順に計算。

例
$13+(3-8)\times(-2)^2$
$=13+(-5)\times4$
$=13+(-20)$
$=-7$

（ ）の中・累乗
乗法
加法

計算順序をよく考えてから
計算するんだよ。

★今夜のおさらい

同じ符号《ふごう》の2つの数の和は，絶対値の和に，共通の符号をつけ，異なる符号の2つの数の和は，絶対値の差に，絶対値の大きいほうの符号をつけます。また，減法は，ひく数の符号を変えて，加法になおして計算します。

例　(－3)＋(－5)＝－(3＋5)＝－8

(＋6)＋(－7)＝－(7－6)＝－1

(－4)－(＋9)＝(－4)＋(－9)＝－13

四則の混じった計算は，(　)の中・累乗《るいじょう》→乗法・除法→加法・減法の順に計算します。

なお，いくつかの数の積の符号は，負の数が偶数個《ぐうすうこ》なら＋，奇数個《きすうこ》なら－です。

負の数が3個（奇数個）

例　(－2)×3×(－4)×(－5)

＝－(2×3×4×5)＝－120

絶対値の積

寝る前にもう一度

- 減法は，ひく数の符号を変えて，加法になおして計算。
- 四則の混じった計算は，(　)の中・累乗→×・÷→＋・－の順に計算。

★今夜おぼえること

中2の復習

かっこをはずすときは，＋(　)はそのまま，－(　)はかっこ内の各項《かくこう》の符号《ふごう》を変える。

例　$3a+(a-5b)=3a+a-5b$ ← そのままかっこをはずす

$=4a-5b$

$5x-(4x-3y)=5x-4x+3y$ ← 各項の符号を変えてかっこをはずす

$=x+3y$

(単項式)×(多項式)は，単項式を多項式のすべての項にかける。

(数)×(多項式)と同じように計算できるね。

例　$2x(3x+4y)=2x\times3x+2x\times4y$ ← 分配法則を利用

$=6x^2+8xy$

★今夜のおさらい

多項式《たこうしき》の加法・減法では，+(　)はそのまま，-(　)はかっこ内の各項の符号《ふごう》を変えてかっこをはずしてから計算します。

例　$(7a+2b)-(6a+4b)$
$=7a+2b-6a-4b$　← 各項の符号を変えてかっこをはずす
$=a-2b$　← 同類項をまとめる

(単項式)×(多項式)は，分配法則を使って，単項式を多項式のすべての項にかけます。

また，(多項式)÷(単項式)は，わる数の逆数をかけて計算します。

例　$3a(a-4b)=3a\times a+3a\times(-4b)$
$=3a^2-12ab$

$(6x^2+9x)\div\frac{3}{2}x=(6x^2+9x)\times\frac{2}{3x}$　← 逆数をかける
$=6x^2\times\frac{2}{3x}+9x\times\frac{2}{3x}=4x+6$

寝る前にもう一度

- かっこをはずすときは，+(　)はそのまま，-(　)はかっこ内の各項の符号を変える。
- (単項式)×(多項式)は，単項式を多項式のすべての項にかける。

★今夜おぼえること

●式を展開《てんかい》するときの計算は，

$$(a+b)(c+d)=ac+ad+bc+bd$$

乗法公式

● $x+a$ と $x+b$ の積

$$(x+a)(x+b)=x^2+(a+b)x+ab$$

（$a+b$ ← 和　ab ← 積）

例　$(x+2)(x+3)=x^2+(2+3)x+2\times3=x^2+5x+6$

● 和・差の平方▶ $(x\pm a)^2=x^2\pm 2ax+a^2$

例　$(x+3)^2=x^2+2\times3\times x+3^2=x^2+6x+9$

● 和と差の積▶ $(x+a)(x-a)=x^2-a^2$ ← 2乗の差

●乗法公式を逆向きに使えば，因数分解《いんすうぶんかい》の公式になる。

例　$x^2+7x+12$ ← 和が7，積が12になる2つの数をさがす

$=x^2+(3+4)x+3\times4$

$=(x+3)(x+4)$ ← 公式 $x^2+(a+b)x+ab=(x+a)(x+b)$ を利用

★今夜のおさらい

★ $(a+b)(c+d)$ のような積の形の式を，次のように，単項式《たんこうしき》の和の形に表すことを，もとの式を展開するといいます。

$$(a+b)(c+d)=ac+ad+bc+bd$$

乗法公式

- $(x+a)(x+b)=x^2+(a+b)x+ab$
- $(x+a)^2=x^2+2ax+a^2$
- $(x-a)^2=x^2-2ax+a^2$

まん中の符号《ふごう》が変わるだけ

例　$(x-5)^2=x^2-2\times5\times x+5^2=x^2-10x+25$

- $(x+a)(x-a)=x^2-a^2$

例　$(x+4)(x-4)=x^2-4^2=x^2-16$

☾ 上の乗法公式を逆向きに使うと，因数分解の公式になります。

例　$x^2+8x+16=x^2+2\times4\times x+4^2=(x+4)^2$

公式 $x^2+2ax+a^2=(x+a)^2$ を利用

$x^2-49=x^2-7^2=(x+7)(x-7)$

公式 $x^2-a^2=(x+a)(x-a)$ を利用

寝る前にもう一度

- ★ 式を展開するときの計算は，$(a+b)(c+d)=ac+ad+bc+bd$
- ☾ 乗法公式を逆向きに使えば，因数分解の公式になる。

4．数と式：平方根の計算

□ 月 日
□ 月 日

★今夜おぼえること

√ のある式の乗除は，1つの√ 内で計算。2乗は√ の外へ。

乗法▶ $\sqrt{a}\times\sqrt{b}=\sqrt{a\times b}$ ← $a>0$，$b>0$のとき（以下の式でも同じ）

例 $\sqrt{2}\times\sqrt{3}=\sqrt{2\times 3}=\sqrt{6}$

除法▶ $\frac{\sqrt{a}}{\sqrt{b}}=\sqrt{\frac{a}{b}}$ 例 $\sqrt{6}\div\sqrt{3}=\frac{\sqrt{6}}{\sqrt{3}}=\sqrt{\frac{6}{3}}=\sqrt{2}$

変形▶ $\sqrt{a^2b}=a\sqrt{b}$ 例 $\sqrt{20}=\sqrt{2^2\times 5}=2\sqrt{5}$

分母の有理化《ゆうりか》▶ $\frac{a}{\sqrt{b}}=\frac{a\times\sqrt{b}}{\sqrt{b}\times\sqrt{b}}=\frac{a\sqrt{b}}{b}$

↑ 分母に√ がない形に表すこと

例 $\frac{2}{\sqrt{3}}=\frac{2\times\sqrt{3}}{\sqrt{3}\times\sqrt{3}}=\frac{2\sqrt{3}}{3}$

$m\sqrt{a}\pm n\sqrt{a}$ は，同類項《どうるいこう》をまとめる考え方で計算できる。

$$m\sqrt{a}\pm n\sqrt{a}=(m\pm n)\sqrt{a}$$

★今夜のおさらい

根号《こんごう》($\sqrt{}$　)をふくむ式では，次のことが成り立ちます。$(a>0,\ b>0)$

乗法▶$\sqrt{a}\times\sqrt{b}=\sqrt{a\times b}$　除法▶$\dfrac{\sqrt{a}}{\sqrt{b}}=\sqrt{\dfrac{a}{b}}$

変形▶$\sqrt{a^2b}=a\sqrt{b}$

分母の有理化▶$\dfrac{a}{\sqrt{b}}=\dfrac{a\times\sqrt{b}}{\sqrt{b}\times\sqrt{b}}=\dfrac{a\sqrt{b}}{b}$

例　$\dfrac{3}{2\sqrt{5}}=\dfrac{3\times\sqrt{5}}{2\sqrt{5}\times\sqrt{5}}=\dfrac{3\times\sqrt{5}}{2\times5}=\dfrac{3\sqrt{5}}{10}$

$\sqrt{}$　の中が同じ数は，同類項《どうるいこう》と同じように考えて，まとめることができます。

$$m\sqrt{a}\pm n\sqrt{a}=(m\pm n)\sqrt{a}$$

例　$5\sqrt{2}-\sqrt{8}=5\sqrt{2}-2\sqrt{2}=(5-2)\sqrt{2}=3\sqrt{2}$

└まず，変形↑

寝る前にもう一度

- $\sqrt{}$　のある式では，$\sqrt{a}\times\sqrt{b}=\sqrt{a\times b}$，$\dfrac{\sqrt{a}}{\sqrt{b}}=\sqrt{\dfrac{a}{b}}$，$\sqrt{a^2b}=a\sqrt{b}$，$\dfrac{a}{\sqrt{b}}=\dfrac{a\sqrt{b}}{b}$ が成り立つ。$(a>0,\ b>0)$
- $m\sqrt{a}\pm n\sqrt{a}$ は，同類項をまとめる考え方で計算できる。
  $m\sqrt{a}\pm n\sqrt{a}=(m\pm n)\sqrt{a}$

5. 方程式：1次方程式と連立方程式

□　月　日
□　月　日

★今夜おぼえること

中1の復習

1次方程式は，移項《いこう》して $ax=b$ の形に整理して解く。

例

$6x-3=2x+21$
　　↓ 文字の項を左辺に，数の項を右辺に移項
$6x-2x=21+3$
　　↓ $ax=b$ の形に整理
$4x=24$
　　↓ 両辺を x の係数 a でわる
$x=6$

中2の復習

連立方程式は，加減法か代入法で，1つの文字を消去。

加減法▶ 1つの文字の係数をそろえ，2つの式をたしたりひいたりする。

例

$$\begin{cases} 2x+y=7 & \cdots① \\ 4x-y=5 & \cdots② \end{cases}$$

➡

$$\begin{array}{rr} & 2x+y=7 \\ +) & 4x-y=5 \\ \hline & 6x\quad=12 \end{array}$$

①＋②で y を消去して，$6x=12$，$x=2$

$x=2$ を①に代入して，$2\times2+y=7$，$y=3$

代入法▶ $x=\sim$ または $y=\sim$ の形の式を他方の式に代入する。

★今夜のおさらい

1次方程式の基本的な解き方

①文字の項《こう》を左辺に，数の項を右辺に 移項。
② $ax=b$ の形に整理。
③両辺を x の係数 a でわる。

例
$5x+9=x+5$
↓①
$5x-x=5-9$
↓②
$4x=-4$
↓③
$x=-1$

連立方程式は，加減法か代入法で，1つの文字を 消去 して解きます。

加減法▶1つの文字の 係数 をそろえ，2つの式を 加減。

例
$$\begin{cases} 8x-3y=19 & \cdots① \\ 2x-y=3 & \cdots② \end{cases}$$
⇒
$$\begin{array}{rl} 8x-3y=19 & \cdots① \\ -)\ 6x-3y=9 & \cdots②\times 3 \\ \hline \end{array}$$

①−②×3で y を消去して，$2x=10$，$x=5$
$x=5$ を②に代入して，$2\times 5-y=3$，$y=7$

代入法▶$x=$〜か $y=$〜の形の式を他方の式に 代入。

例
$$\begin{cases} y=x+2 & \cdots① \\ 2x-y=1 & \cdots② \end{cases}$$

①を②に代入して，$2x-(x+2)=1$，$x=3$
$x=3$ を①に代入して，$y=3+2$，$y=5$

寝る前にもう一度

- 1次方程式は，移項して $ax=b$ の形に整理して解く。
- 連立方程式は，加減法か代入法で，1つの文字を消去。

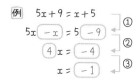

★今夜おぼえること

解の公式の利用 ▶ 2次方程式 $ax^2+bx+c=0$

の解《かい》は，

$$x=\frac{-b\pm\sqrt{b^2-4ac}}{2a}$$

解の公式は
絶対覚えて
おこう。

例　2次方程式 $3x^2+5x+1=0$ の解は，

解の公式に $a=3$，$b=5$，$c=1$ を代入して，

$$x=\frac{-5\pm\sqrt{5^2-4\times3\times1}}{2\times3}=\frac{-5\pm\sqrt{25-12}}{6}=\frac{-5\pm\sqrt{13}}{6}$$

因数分解による解き方 ▶ 左辺を因数分解して，

2つの式の積のどちらかが0

であることを利用して解く。

例　$x^2+x-20=0$

$(x+5)(x-4)=0$　← 左辺を因数分解

$x+5=0$ または，$x-4=0$ だから，$x=-5$，$x=4$

★今夜のおさらい

2次方程式 $ax^2+bx+c=0$ の解は，

$$x=\frac{-b\pm\sqrt{b^2-4ac}}{2a}$$

で求められます。これを2次方程式の解の公式といい，a，b，c の値をこの公式に代入して，解を求めることができます。

例　$2x^2+3x-1=0$ の解は，解の公式に $a=2$，$b=3$，$c=-1$ を代入して，

$$x=\frac{-3\pm\sqrt{3^2-4\times2\times(-1)}}{2\times2}=\frac{-3\pm\sqrt{9+8}}{4}=\frac{-3\pm\sqrt{17}}{4}$$

2次方程式は，左辺が因数分解できるときは，$A\times B=0$ ならば，$A=0$ または，$B=0$ であることを利用して解くことができます。

例
$$x^2-7x+12=0$$
$$(x-3)(x-4)=0$$
左辺を因数分解

$x-3=0$ または，$x-4=0$ だから，$x=3$，$x=4$

寝る前にもう一度

- 解の公式の利用▶2次方程式 $ax^2+bx+c=0$ の解は，$x=\frac{-b\pm\sqrt{b^2-4ac}}{2a}$
- 因数分解による解き方▶左辺を因数分解して，2つの式の積のどちらかが0であることを利用して解く。

★今夜おぼえること

中1の復習

比例の式 ▶ $y = ax$ （$a \neq 0$，a は比例定数）

反比例の式 ▶ $y = \dfrac{a}{x}$ （$a \neq 0$，a は比例定数）

比例のグラフ ▶ 原点を通る直線

反比例のグラフ ▶ 原点について対称《たいしょう》な2つの曲線（双曲線《そうきょくせん》）

中2の復習

1次関数の式 ▶ $y = ax + b$ （a，b は定数，$a \neq 0$）

ax：x に比例する部分
b：定数の部分

1次関数 $y = ax + b$ のグラフ

▶ 傾《かたむ》きが a，切片が b の直線

$a > 0$ ➡ 右上がり

$a < 0$ ➡ 右下がり

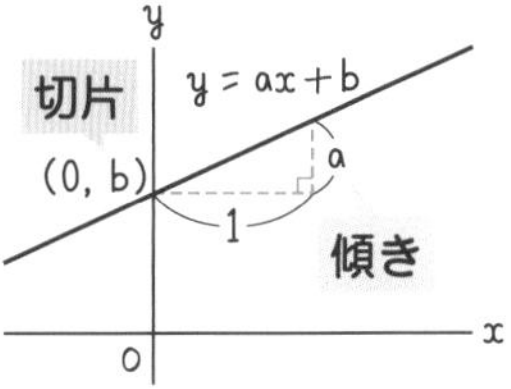

b=0のとき，y=ax
つまり，比例も1次関数
だよ。

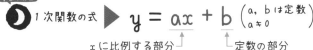

★今夜のおさらい

✪ y が x の関数で，式が $y=ax$ で表されるとき，

y は x に【比例】するといい，$y=\dfrac{a}{x}$ で表されるとき，

y は x に【反比例】するといいます。

● 反比例のグラフ…【双曲線《そうきょくせん》】

$a>0$

Ⅰと【Ⅲ】の部分にある。

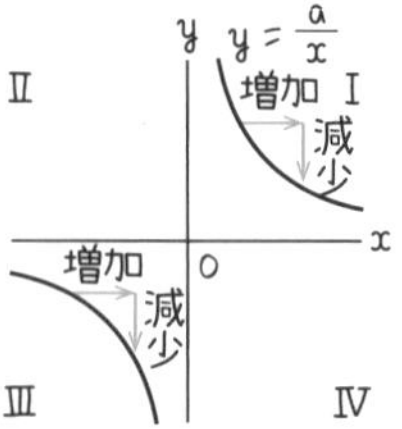

$a<0$

【Ⅱ】とⅣの部分にある。

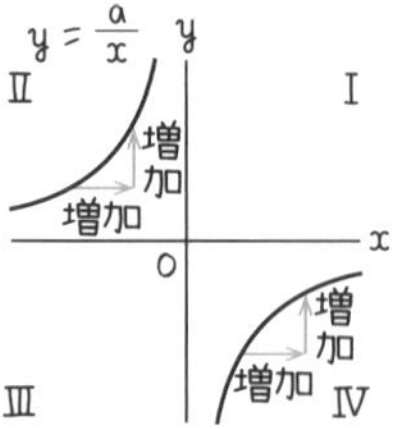

☾ y が x の関数で，式が $y=ax+b$ で表されるとき，y は x の【1次関数】であるといいます。

$y=ax+b$ の変化の割合は【一定】で，x の【係数 a】に等しいです。

変化の割合＝$\dfrac{\text{【}y\text{ の増加量】}}{\text{【}x\text{ の増加量】}}=a$

寝る前にもう一度

✪ 比例の式▶ $y=ax$　反比例の式▶ $y=\dfrac{a}{x}$ $\left(\begin{array}{l} a \neq 0 \\ a\text{ は比例定数}\end{array}\right)$

☾ 1次関数の式▶ $y=ax+b$（a，b は定数，$a \neq 0$）

8．関数：2乗に比例する関数

□　月　日
□　月　日

★今夜おぼえること

2乗に比例する関数の式 ▶ $y = ax^2$（$a \neq 0$，aは比例定数）

● 関数 $y = ax^2$ の変化の割合は，一定ではない。

例　$y = 2x^2$ で，xが①2から4まで，②3から5まで増加するときの，それぞれの変化の割合は，

①…$\dfrac{2 \times 4^2 - 2 \times 2^2}{4 - 2} = 12$　　②…$\dfrac{2 \times 5^2 - 2 \times 3^2}{5 - 3} = 16$

（12と16は）一定ではない

変化の割合 $= \dfrac{y\text{の増加量}}{x\text{の増加量}}$

関数 $y = ax^2$ のグラフは，原点を頂点とし，y 軸《じく》について対称な放物線《ほうぶつせん》。

$a > 0$
上に開く。
➡おわん形

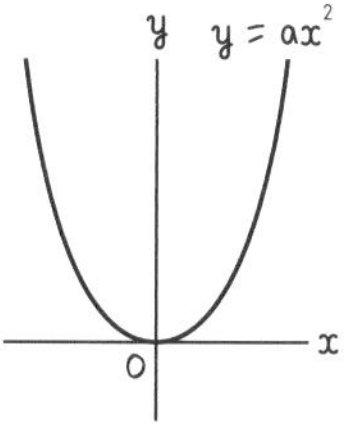

$a < 0$
下に開く。
➡山形

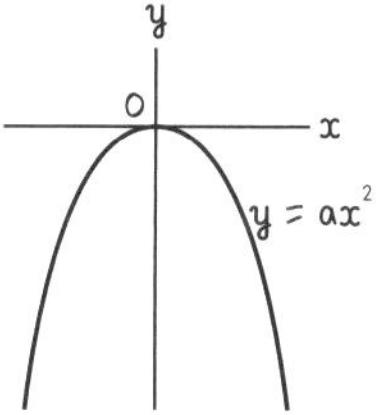

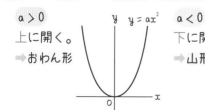

★今夜のおさらい

y が x の関数で，式が $y=ax^2$ で表されるとき，y は x の 2乗 に比例するといい，a を 比例定数 といいます。

$y=ax^2$ の式の求め方

例　y は x の 2 乗に比例し，$x=2$ のとき $y=12$ である場合，

$y=$ ax^2 に $x=$ 2，$y=$ 12 を代入して，

12 $=a\times$ 2^2，$12=$ 4a，$a=$ 3

よって，求める式は，$y=$ $3x^2$

なお，関数 $y=ax^2$ の変化の割合は，一定 ではありません。

関数 $y=ax^2$ のグラフは，原点を 頂点 とし，y 軸《じく》について 対称《たいしょう》 な 放物線 とよばれる曲線です。

y の変域▶前ページのグラフからわかるように，関数 $y=ax^2$ で，$-2\leqq x\leqq 3$ などのように x の変域に 0 をふくむ場合，

$a>0$ のとき，y の値は最小値 0 をとります。
$a<0$ のとき，y の値は最大値 0 をとります。

寝る前にもう一度

- 2 乗に比例する関数の式▶ $y=ax^2$（$a\neq 0$，a は比例定数）
- 関数 $y=ax^2$ のグラフは，原点を頂点とし，y 軸について対称な放物線。

★今夜おぼえること

中1の復習

おうぎ形の弧《こ》の長さと面積 ▶ 円の周の長さと面積を $\frac{a}{360}$ 倍する。（おうぎ形の中心角を a° とする。）

$\ell = 2\pi r \times \frac{a}{360}$

$S = \pi r^2 \times \frac{a}{360}$

（半径 r，中心角 a° のおうぎ形の弧の長さを ℓ，面積を S とする。）

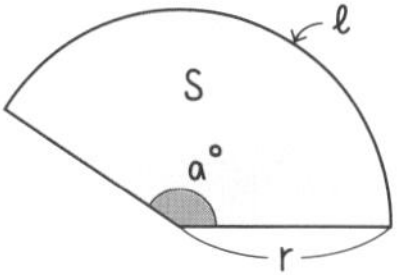

中1の復習

ゴロ合わせ　球の表面積 ▶ 心配ある事情

（心：4　配：π　ある：r　事情：2乗）

ゴロ合わせ　球の体積 ▶ 身の上心配あるので参上

（身の上心：$\frac{4}{3}$　配：π　ある：r　参上：3乗）

①球の表面積と体積（半径 r，表面積 S，体積 V）

表面積 ▶ $S = 4\pi r^2$　　体　積 ▶ $V = \frac{4}{3}\pi r^3$

②立体の体積（底面積 S，高さ h）

角柱・円柱の体積 ▶ $V = Sh$

角錐《かくすい》・円錐の体積 ▶ $V = \frac{1}{3}Sh$

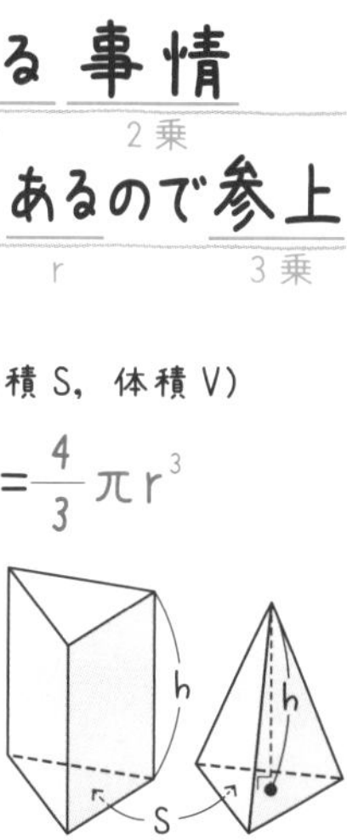

★今夜のおさらい

半径 r，中心角 $a°$ のおうぎ形の弧《こ》の長さを ℓ，面積を S とすると，$\ell=2\pi r\times\dfrac{a}{360}$

$S=\pi r^2\times\dfrac{a}{360}$　または，$S=\dfrac{1}{2}\ell r$

立体の表面積は，次のようになります。

角柱・円柱の表面積＝側面積＋底面積×2

角錐《かくすい》・円錐の表面積＝側面積＋底面積

角錐・円錐の体積は，底面積と高さが等しい角柱・円柱の体積の $\dfrac{1}{3}$ です。

例　底面の半径が2cm，高さが6cmの円錐の体積は，

$$\frac{1}{3}\times\underbrace{\pi\times2^2}_{\text{底面積}}\times\underbrace{6}_{\text{高さ}}=8\pi\ (\text{cm}^3)$$

また，半径 r の球の表面積を S，体積を V とすると，$S=4\pi r^2$，$V=\dfrac{4}{3}\pi r^3$

寝る前にもう一度

- おうぎ形の弧の長さ…$\ell=2\pi r\times\dfrac{a}{360}$，面積…$S=\pi r^2\times\dfrac{a}{360}$
- 球の表面積…$S=4\pi r^2$，球の体積…$V=\dfrac{4}{3}\pi r^3$

  角柱・円柱の体積…$V=Sh$，角錐・円錐の体積…$V=\dfrac{1}{3}Sh$

★今夜おぼえること

中2の復習

三角形の合同条件

① 3組の辺がそれぞれ等しい。

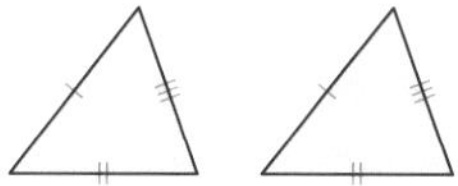

② 2組の辺とその間の角がそれぞれ等しい。

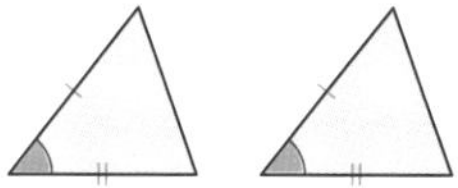

③ 1組の辺とその両端《りょうたん》の角がそれぞれ等しい。

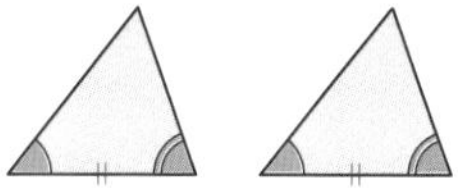

三角形の相似《そうじ》条件

① 3組の辺の比がすべて等しい。

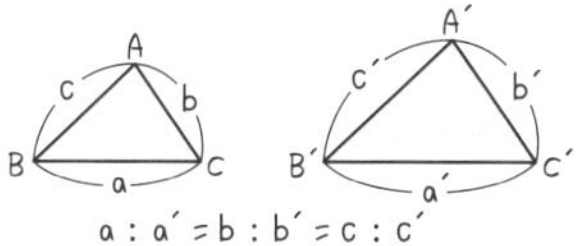

$a : a' = b : b' = c : c'$

② 2組の辺の比とその間の角がそれぞれ等しい。

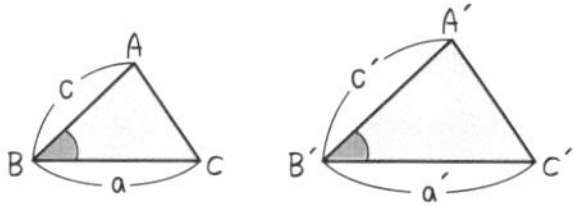

$a : a' = c : c'$, $\angle B = \angle B'$

③ 2組の角がそれぞれ等しい。

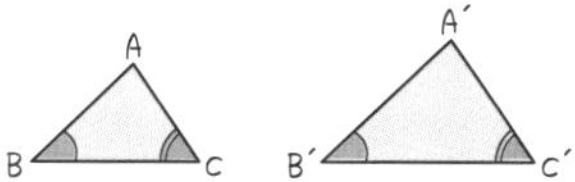

$\angle B = \angle B'$, $\angle C = \angle C'$

★今夜のおさらい

三角形の合同条件

① 3 組の辺がそれぞれ等しい。

② 2 組の辺とその間の角がそれぞれ等しい。

③ 1 組の辺とその両端《りょうたん》の角がそれぞれ等しい。

また，2 つの直角三角形では，
次の合同条件が成り立ちます。

直角三角形の合同
条件も覚えよう。

直角三角形の合同条件

①斜辺《しゃへん》と 1 つの鋭角《えいかく》がそれぞれ等しい。

②斜辺と他の 1 辺がそれぞれ等しい。

三角形の相似条件

① 3 組の辺の比がすべて等しい。

② 2 組の辺の比とその間の角がそれぞれ等しい。

③ 2 組の角がそれぞれ等しい。

寝る前にもう一度

2 つの三角形は，次のどれかが等しければ，合同である。
①3 組の辺　②2 組の辺とその間の角
③1 組の辺とその両端の角

2 つの三角形は，次のどれかが等しければ，相似である。
①3 組の辺の比　②2 組の辺の比とその間の角
③2 組の角

★今夜おぼえること

右の直線ℓ，m，nが平行なら，$a:b=a':b'$

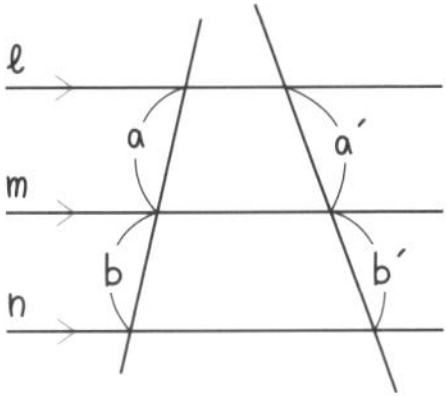

例　右の図で，直線ℓ，m，nが平行のとき，xの値は，

$6:12=7:x$

$6x=84$

$x=14$

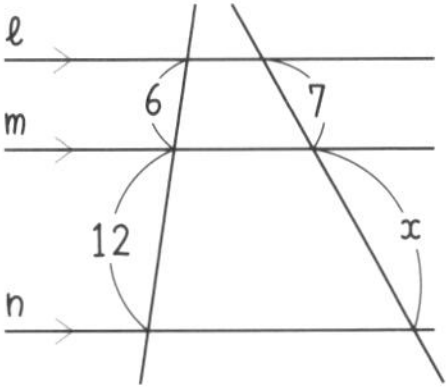

相似比$m:n$の図形の面積比は$m^2:n^2$，体積比は$m^3:n^3$

例　相似な2つの図形の相似比が4：5のとき，面積比は，$4^2:5^2=16:25$

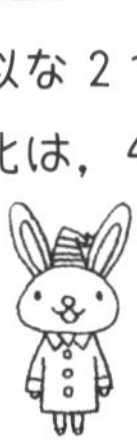

例の2つの図形の周の長さの比は，相似比に等しいから，4：5だよ。

★今夜のおさらい

右の△ABCで，DE//BCならば，

AD：AB＝AE：AC

＝DE：BC

AD：DB＝AE：EC

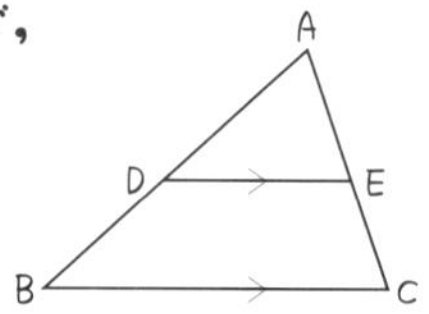

また，右の直線ℓ，m，nが平行ならば，

a：b＝a′：b′

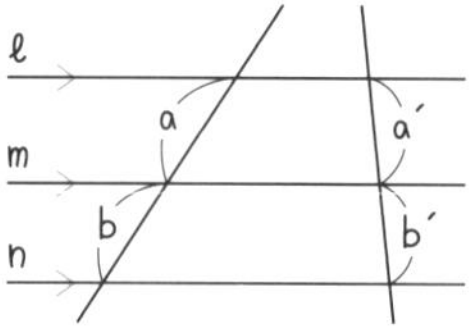

相似比 m：n の平面図形や立体図形では，

- 平面図形の
  - 周の長さの比は m：n
  - 面積比は m^2：n^2
- 立体図形の
  - 表面積の比は m^2：n^2
  - 体積比は m^3：n^3

例　相似な 2 つの立体図形の相似比が 2：3 のとき，
体積比は，2^3：3^3＝8：27

寝る前にもう一度

右の直線ℓ，m，nが平行なら，
a：b＝a′：b′

相似比 m：n の図形の
面積比は m^2：n^2，体積比は m^3：n^3

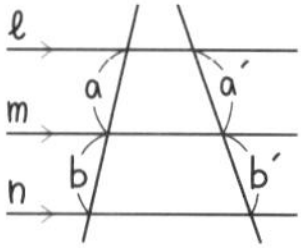

★今夜おぼえること

円周角《えんしゅうかく》の定理 ▶1つの弧《こ》に対する円周角は等しく，中心角の半分。

例　右の円Oで，

$\angle x = 50°$ ←円周角は等しい

$\angle y = 50° \times 2$ ←中心角は円周角の2倍

$= 100°$

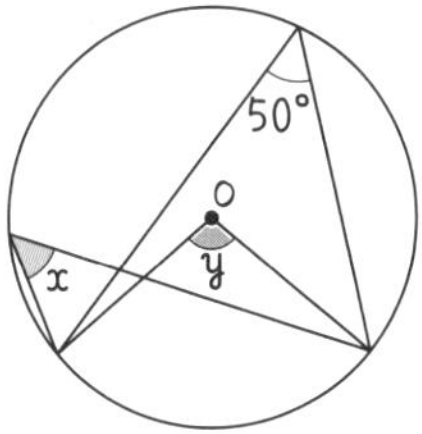

半円の弧に対する中心角は180°だから，円周角は180°÷2＝90°になるね。

1つの円で，等しい弧に対する円周角は等しい。

例　右の図で，$\overset{\frown}{AB} = \overset{\frown}{CD}$ のとき，

$\angle APB = \angle CQD$

逆に，$\angle APB = \angle CQD$ のとき，

$\overset{\frown}{AB} = \overset{\frown}{CD}$

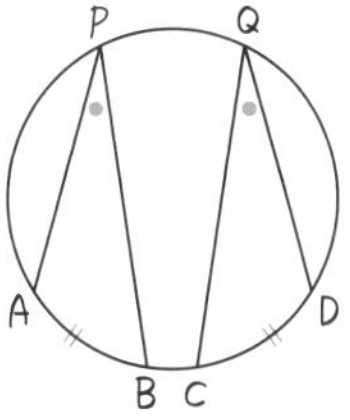

★今夜のおさらい

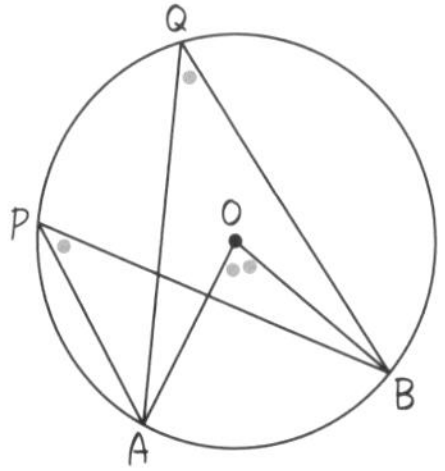

右の円Oで，∠APBや∠AQBを，$\overset{\frown}{AB}$に対する円周角といいます。

∠APB＝∠AQB …①

↑1つの弧《こ》に対する円周角は等しい

$\angle APB = \frac{1}{2}\angle AOB$ ←1つの弧に対する円周角は，中心角の半分

逆に，①のとき，4点A，B，P，Qは1つの円周上にあります。（円周角の定理の逆）

1つの円では，次のことがいえます。

①等しい弧に対する円周角は等しい。

②等しい円周角に対する弧は等しい。

また，1つの円で，等しい弧に対する弦《げん》は等しいです。

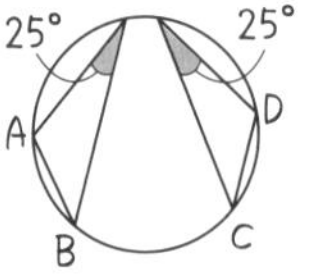

例　右の図で，円周角が等しいから，

$\overset{\frown}{AB}=\overset{\frown}{CD}$　よって，AB＝CD

寝る前にもう一度

円周角の定理▶1つの弧に対する円周角は等しく，中心角の半分。

1つの円で，等しい弧に対する円周角は等しい。

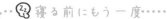

★今夜おぼえること

三平方《さんへいほう》の定理 ▶ $a^2+b^2=c^2$

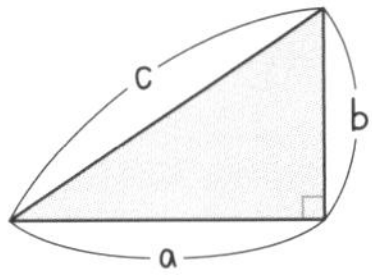

直角三角形では，斜辺《しゃへん》の長さがいつもいちばん長いよ。

三平方の定理の利用

①特別な直角三角形の３辺の比

● 直角二等辺三角形

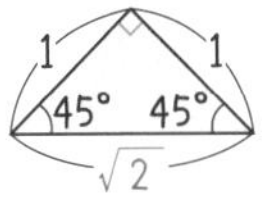

➡ $1:1:\sqrt{2}$
↑斜辺

● 60°の角をもつ直角三角形

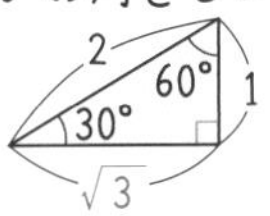

➡ $1:2:\sqrt{3}$
↑斜辺

②正三角形の高さと面積

$h=\frac{\sqrt{3}}{2}a$

$S=\frac{\sqrt{3}}{4}a^2$

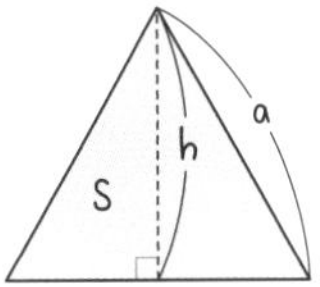

③直方体の対角線の長さ

$\ell=\sqrt{a^2+b^2+c^2}$

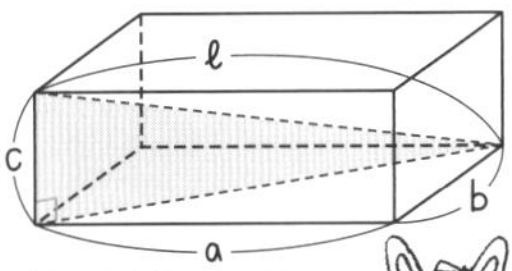

④円錐《えんすい》の高さ

$h=\sqrt{\ell^2-r^2}$

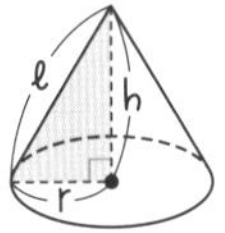

１辺 a の立方体の対角線の長さは $\sqrt{3}a$ だよ。

★今夜のおさらい

三平方の定理▶直角三角形の直角をはさむ2辺の長さをa，b，斜辺《しゃへん》の長さをcとすると，次の関係が成り立ちます。

$a^2+b^2=c^2$

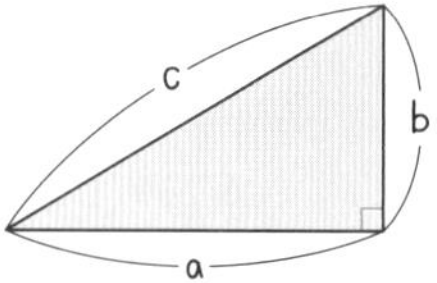

三平方の定理の逆▶3辺の長さがa，b，cの三角形で，$a^2+b^2=c^2$ が成り立てば，その三角形は，長さcの辺を斜辺とする直角三角形になります。

三平方の定理の利用▶図形の中に直角三角形を見つけて，三平方の定理を使います。

例　2点A（2，1），B（7，5）間の距離《きょり》dは，右の直角三角形AHBの斜辺の長さにあたるから，三平方の定理を利用して，

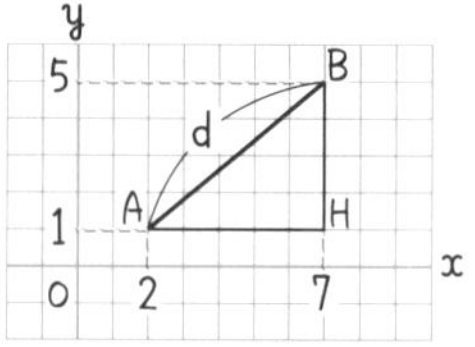

$$d=\sqrt{(7-2)^2+(5-1)^2}=\sqrt{5^2+4^2}=\sqrt{41}$$

寝る前にもう一度

- 三平方の定理▶$a^2+b^2=c^2$
- 三平方の定理の利用▶直角三角形を見つけて，その直角三角形で三平方の定理を利用する。

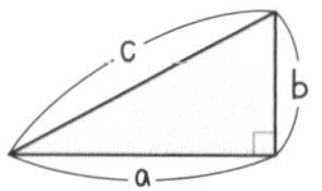

14. データ：データの整理・四分位範囲

□ 月 日
□ 月 日

★今夜おぼえること

中1の復習

相対度数＝$\dfrac{\text{その階級の度数}}{\text{度数の合計}}$

例　ハンドボール投げの記録

階級(m)	度数(人)	相対度数
以上　未満		
10 ～ 15	9	0.18
15 ～ 20	20	0.40
20 ～ 25	13	0.26
25 ～ 30	8	0.16
合　計	50	1.00

その階級の度数

$\dfrac{9}{50}=0.18$

度数の合計

相対度数の合計は1になる

中2の復習

四《し》分《ぶん》位《い》範《はん》囲《い》

＝第3四分位数－第1四分位数

● 四分位数…データを小さい順に並べて4等分したときの，3つの区切りの値。

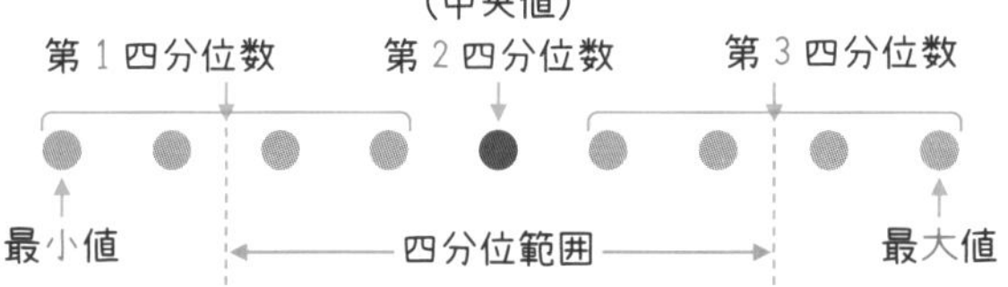

★今夜のおさらい

度数分布表で，各階級の度数の，度数の合計に対する割合を相対度数，各階級までの相対度数の合計を累積《るいせき》相対《そうたい》度《ど》数《すう》といいます。

例　前ページの度数分布表の累積相対度数

ハンドボール投げの記録

階級(m)	度数(人)	相対度数	累積相対度数	
以上　未満				
10 ～ 15	9	0.18	0.18	
15 ～ 20	20	0.40	0.58	← 0.18＋0.40
20 ～ 25	13	0.26	0.84	← 0.58＋0.26
25 ～ 30	8	0.16	1.00	← 0.84＋0.16
合　計	50	1.00		

データを小さい順に並べて4等分したときの，3つの区切りの値を，小さいほうから順に，第1四分位数，第2四分位数（中央値），第3四分位数といいます。

また，第3四分位数から第1四分位数をひいた差を，四《し》分《ぶん》位《い》範囲《はんい》といいます。

寝る前にもう一度

- 相対度数 ＝ $\dfrac{\text{その階級の度数}}{\text{度数の合計}}$
- 四分位範囲 ＝ 第3四分位数 － 第1四分位数

15. データ：確率・標本調査

□　月　日
□　月　日

★今夜おぼえること

中2の復習

☆ n 通りのうち，Aが起こる場合はa通り ➡ その確率は $\frac{a}{n}$

例　1から5までの5枚の数字カードから1枚ひくときのひき方は，全部で5通り。

奇数《きすう》のカードをひく場合の数は，1，3，5の3通りだから，その確率は，$\frac{3}{5}$

☾ 一部分から全体の傾向《けいこう》を推測する調査を標本調査《ひょうほんちょうさ》という。

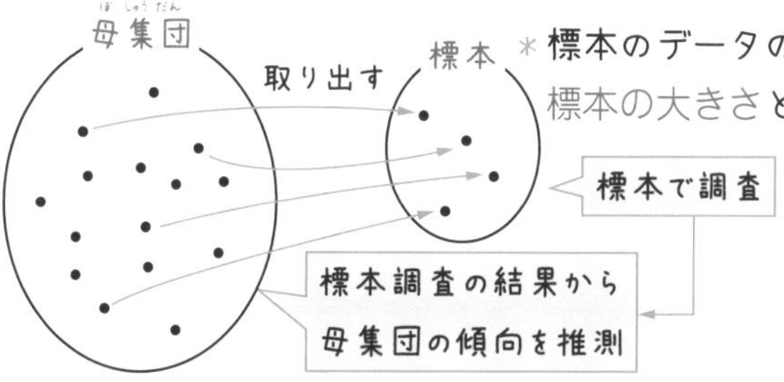

＊標本のデータの個数を標本の大きさという。

★今夜のおさらい

起こる場合が全部で n 通りあり，どの場合が起こることも同様に確からしいとします。そのうち，ことがら A の起こる場合が a 通りあるとき，

A の起こる確率 p は，$p=\dfrac{a}{n}$

また，このとき，A の起こらない確率は，

$1-p$ で求められます。

対象となる集団全部について調査することを

全数調査《ぜんすうちょうさ》といいます。

例　国勢調査，学校の健康診断《しんだん》，空港の手荷物検査

集団（母集団）の一部分（標本）を取り出して調べ，集団全体の傾向《けいこう》を推測する調査を，標本調査といい，かたよりなく標本を取り出すことを，無作為《むさくい》に抽出《ちゅうしゅつ》するといいます。

例　テレビの視聴率《しちょうりつ》調査，湖の水質検査，製品の品質検査

寝る前にもう一度

- n 通りのうち，A が起こる場合は a 通り ➡ その確率は $\dfrac{a}{n}$
- 一部分から全体の傾向を推測する調査を標本調査という。

1. 物理：光・音による現象

□ 月 日
□ 月 日

★今夜おぼえること

中1の復習

実像は逆向き、虚像《きょぞう》は大きく同じ向き。

→上下左右（逆向き）

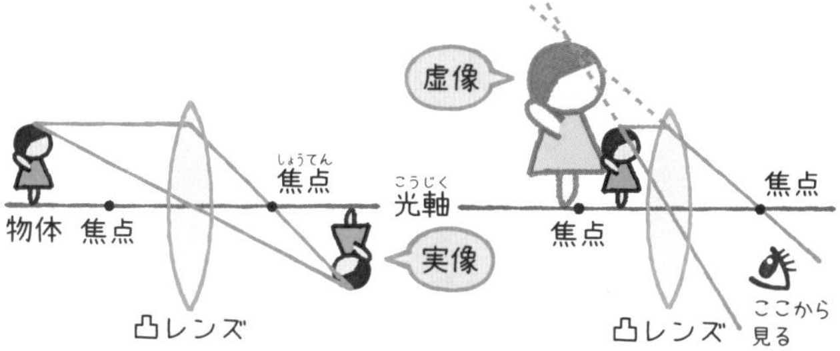

中1の復習

大きさ振幅《しんぷく》、高さ振動数《しんどうすう》。

振幅→振動のふれ幅

振動数→1秒間に振動する回数

〈大きい音と高い音の波の形〉

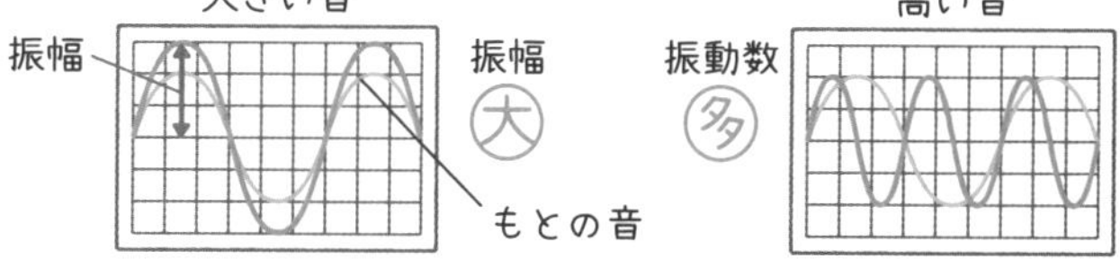

★今夜のおさらい

凸レンズの軸《じく》に平行な光をあてたとき光が集まる点を焦点といいます。焦点より内側に物体を置くと，凸レンズを通して虚像が見え，外側に置くとスクリーンに実像がうつります。

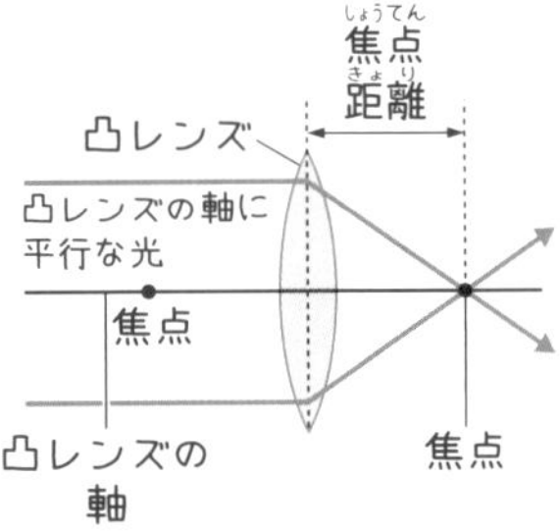

物体が焦点距離の 2 倍より遠い	実像は，物体より小さい
物体が焦点距離の 2 倍	実像は，物体と同じ大きさ
物体が焦点距離の 2 倍と焦点の間	実像は，物体より大きい
物体が焦点距離より近い	虚像は，物体より大きい

音の大きさは振幅で決まり，音の高さは振動数で決まります。振幅が大きいほど音は大きく，振動数が多いほど音は高くなります。

〈弦《げん》と音の高さ〉

	弦の長さ	弦の太さ	弦を張る強さ
音が高い	短い	細い	強い
音が低い	長い	太い	弱い

寝る前にもう一度

実像は逆向き，虚像は大きく同じ向き。

大きさ振幅，高さ振動数。

★今夜おぼえること

中1の復習

力2倍→ばねののびも2倍。

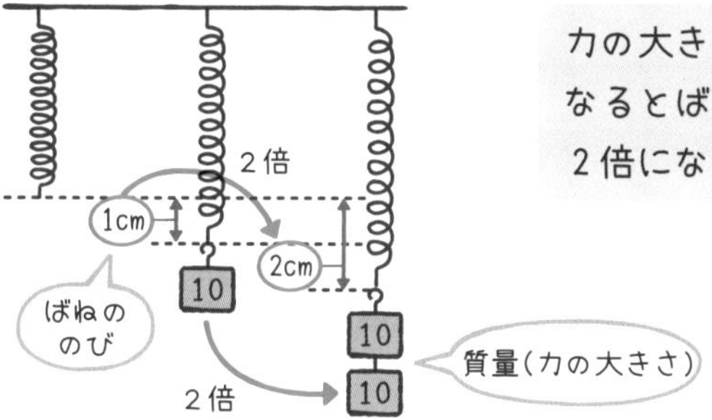

力の大きさが2倍になるとばねののびも2倍になるよ。

中2の復習

圧力《あつりょく》は，面の上に力。

圧力＝

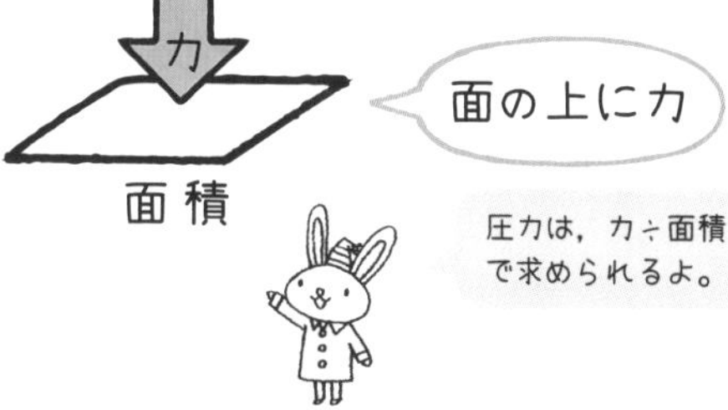

圧力は，力÷面積で求められるよ。

★今夜のおさらい

ばねののびは，ばねに加えた力の大きさに比例します。これをフックの法則といいます。

例　右図のような特徴をもつばねで，ばねののびが8cmのとき，ばねに加えた力の大きさは何N？

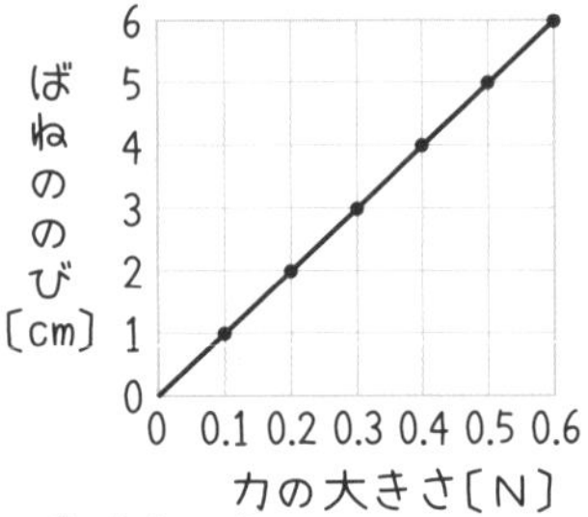

答 0.8 N

一定の面積あたりの面を垂直《すいちょく》に押《お》す力を圧力といいます。圧力の単位には，パスカル(Pa)などを用います。

$$\text{圧力〔Pa〕} = \frac{\text{面を垂直に押す力〔N〕}}{\text{力がはたらく面積〔m}^2\text{〕}}$$

（Pa：N/m²）

例　質量1kg，底面積0.2m²の物体が，床に加える圧力は何Pa？　100gの物体にはたらく重力を1Nとする。

式　$\dfrac{10\text{〔N〕}}{0.2\text{〔m}^2\text{〕}}$

答 50 Pa

寝る前にもう一度

- 力2倍→ばねののびも2倍。
- 圧力は，面の上に力。

★今夜おぼえること

中2の復習

オームの法則はV＝R×I

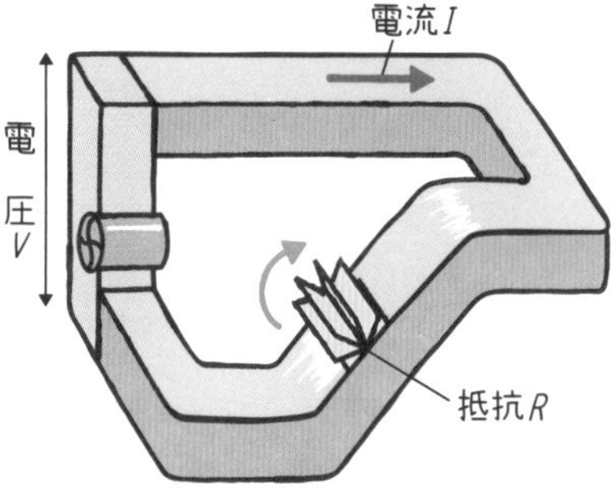

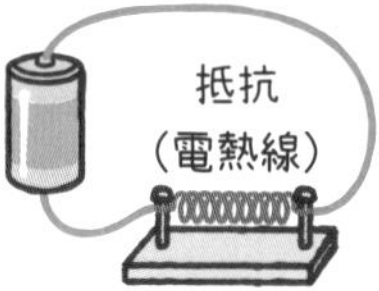

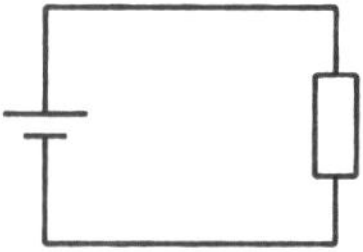
回路図

中2の復習

ゴロ合わせ　おもしで圧《お》して流すと、力になる！

（電圧）（電流）（電力）

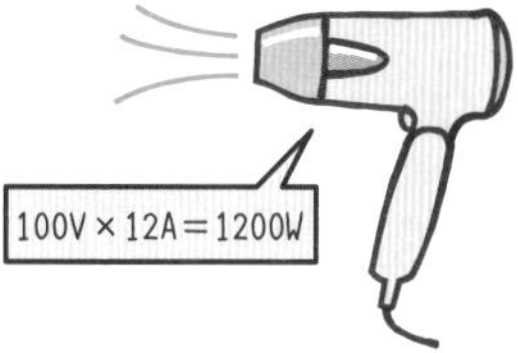

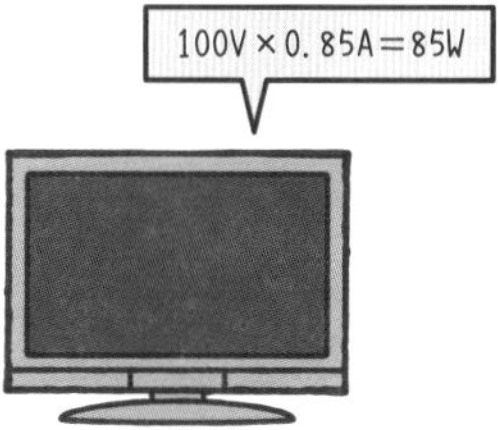

理科

★今夜のおさらい

🌟流れる電流が電熱線の両端《りょうたん》に加わる電圧に比例することを，オームの法則といいます。

電圧〔V〕＝抵抗《ていこう》〔Ω〕×電流〔A〕

●電熱線a，bでは，どちらの抵抗が大きいか

・aの抵抗
＝3〔V〕÷2〔A〕
＝1.5〔Ω〕

・bの抵抗
＝6〔V〕÷3〔A〕
＝2〔Ω〕

⇩

a＜b

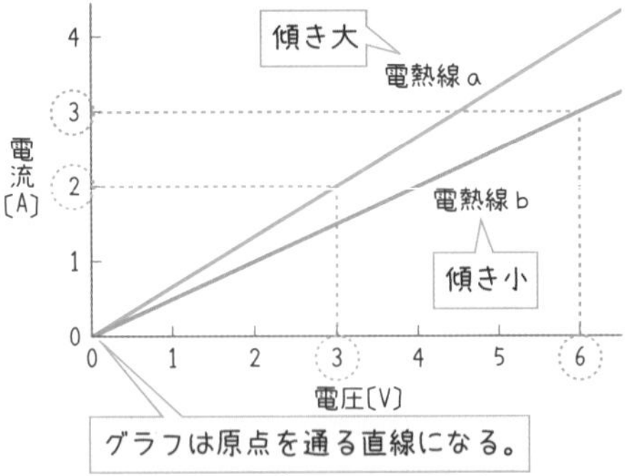

🌙電力とは，1秒間に消費される電気エネルギーの量のことをいいます。また，電熱線などから発生する熱の量を熱量《ねつりょう》，消費した電気の量を電力量《でんりょくりょう》といいます。

電力〔W〕＝電圧〔V〕×電流〔A〕

熱量〔J〕＝電力〔W〕×時間〔s〕

電力量〔J〕＝電力〔W〕×時間〔s〕

💤寝る前にもう一度

🌟オームの法則は$V = R \times I$

🌙おもしで圧して流すと，力になる！

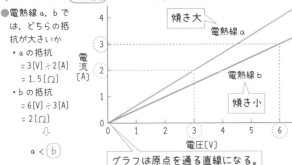

4．物理：電流と磁界，静電気

□　　月　　日
□　　月　　日

★今夜おぼえること

中2の復習

ゴロ合わせ　**グッドの親指，次会う日**
（磁界）
まで！

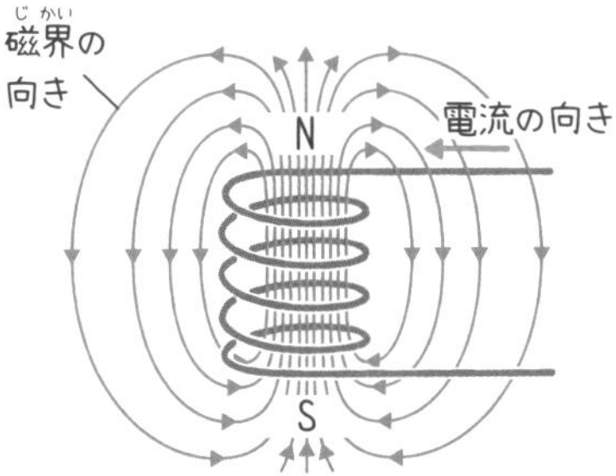

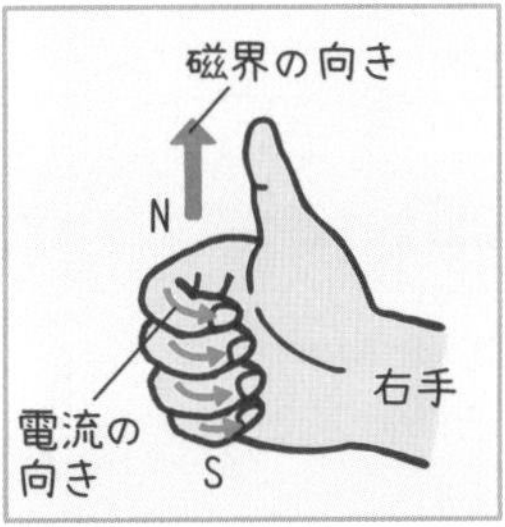

中2の復習

電子線（陰極線《いんきょくせん》）は－《マイナス》の電気をもつ電子の流れ。

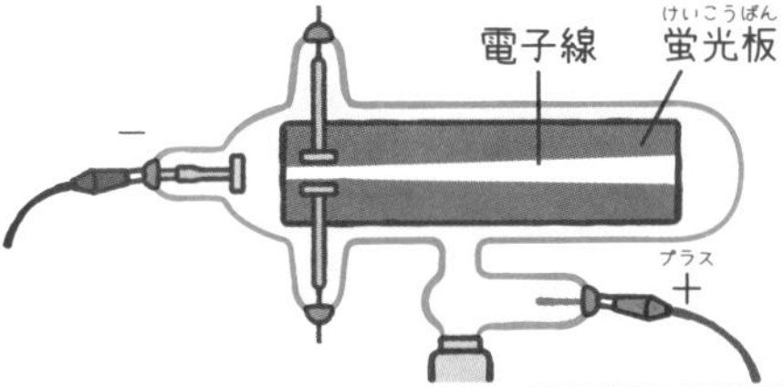

★今夜のおさらい

まっすぐな導線…右ねじの進む向きに電流を流すと，右ねじの回る向きに磁界ができます。コイル…右手の4本の指の向きに電流を流すと，親指の向きに磁界ができます。

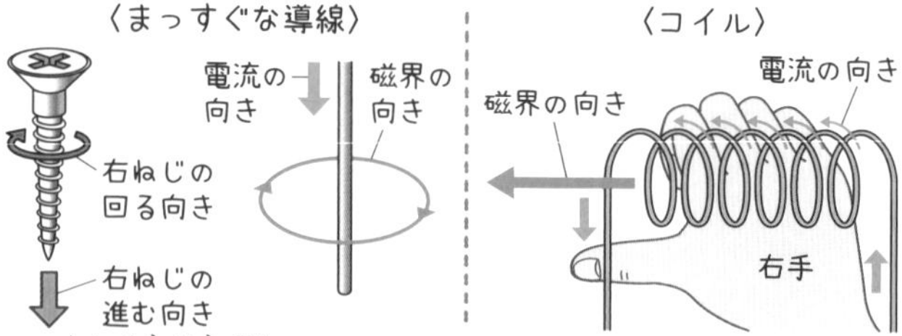

真空放電《しんくうほうでん》によって，－極から出るものを電子線（陰極線）といいます。－の電気をもつ，非常に小さい粒子《りゅうし》である電子の流れです。

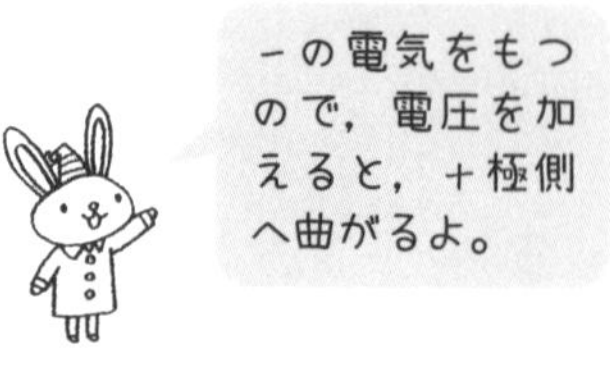

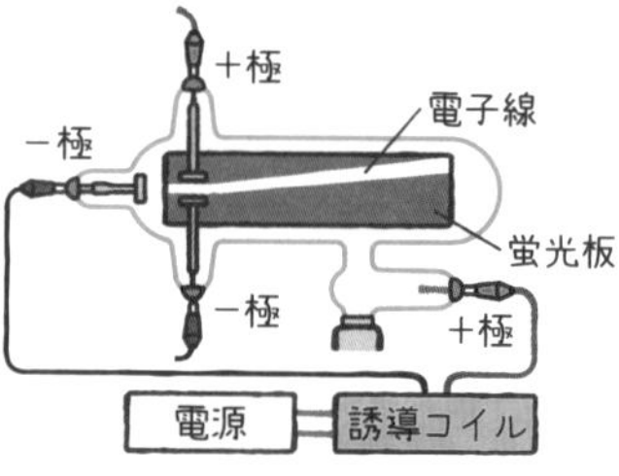

寝る前にもう一度

- グッドの親指，次会う日まで！
- 電子線（陰極線）は－の電気をもつ電子の流れ。

★今夜おぼえること

水圧《すいあつ》は，水の重さによる圧力。

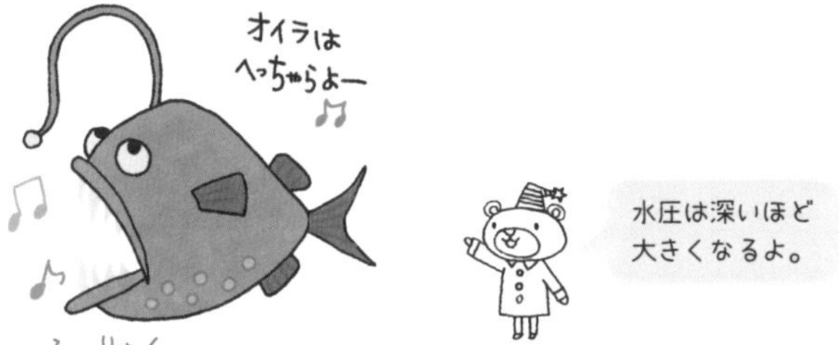

へっちゃらよー
水圧は深いほど

浮力《ふりょく》は重さの差。

空気中での重さ　－　水中での重さ　＝　浮力

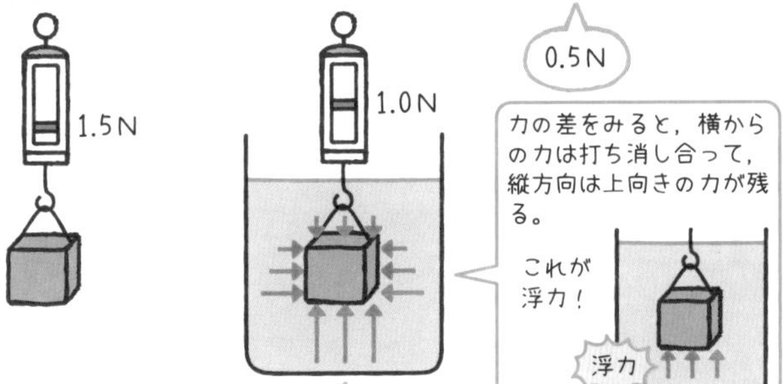
力の差をみると，横からの力は打ち消し合って，縦方向は上向きの力が残る。
これが浮力！
浮力の大きさは深さに関係しないよ！

★今夜のおさらい

水の重さによって生じる圧力を**水圧**といい，水の深さが**深い**ほど大きくなります。
水圧の大きさは，水面からの深さによって決まり，あらゆる方向にはたらきます。

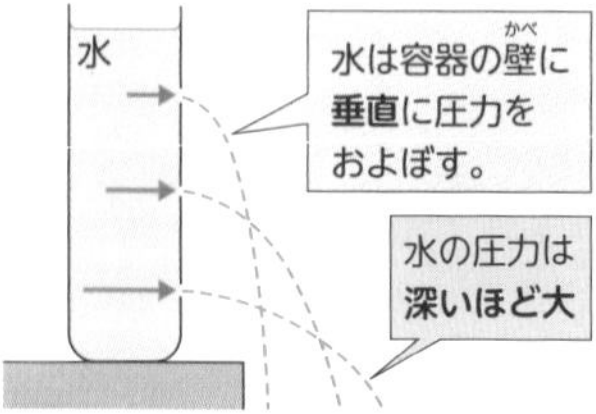

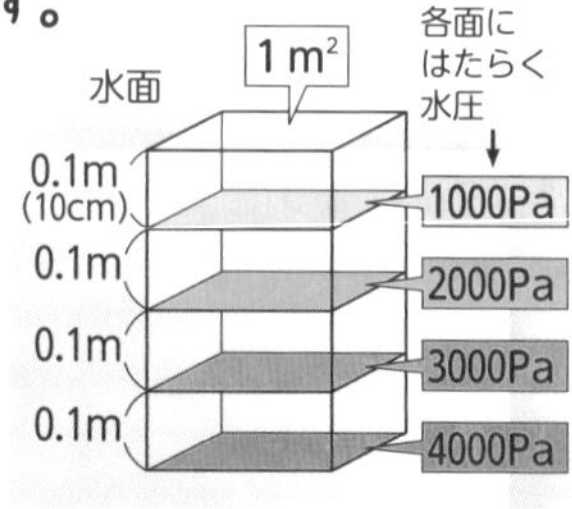

水中にある物体の下面にはたらく水圧は，上面にはたらく水圧よりも大きくなるため，その水圧の差によって**浮力**が生じます。
浮力は水中にある物体の**体積**が大きいほど大きくなります。

水圧は深さに関係し，
浮力は体積に関係するんだね。

寝る前にもう一度

- 水圧は，水の重さによる圧力。
- 浮力は重さの差。

★今夜おぼえること

🌟力を合わせたのが合力《ごうりょく》，力を分けたのが分力《ぶんりょく》。

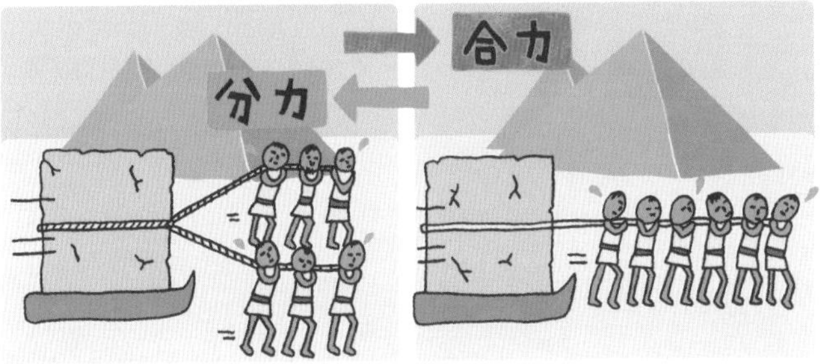

☽2つの力の合力《ごうりょく》は，平行四辺形の対角線。

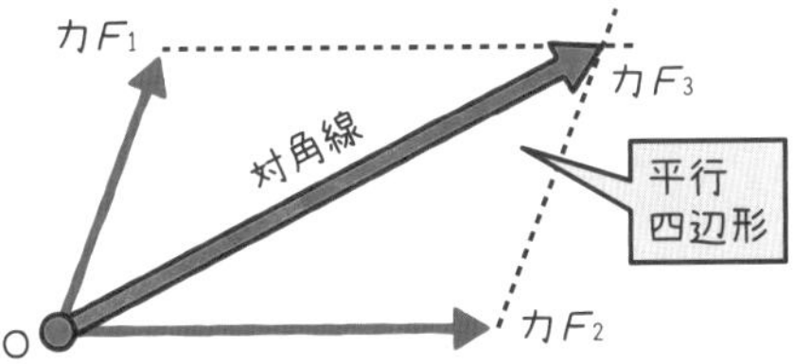

力F_3は，
力F_1と力F_2の
合力

★今夜のおさらい

2つの力と同じはたらきをする1つの力を 合力 といい，合力を求めることを力の 合成《ごうせい》 といいます。

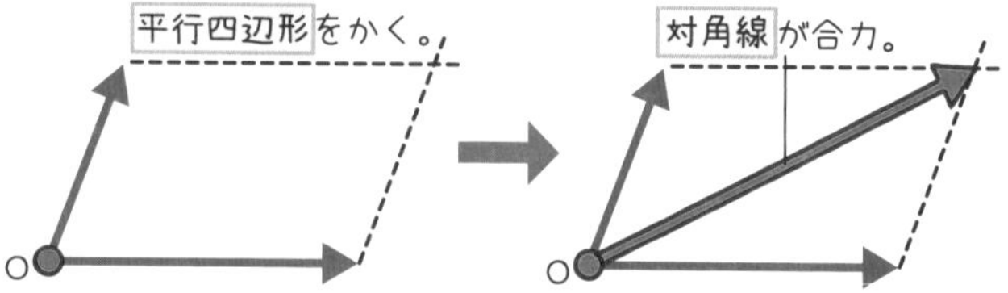

平行四辺形をかく。
対角線が合力。
O
O

1つの力を同じはたらきをする2つの力に分けることを力の 分解《ぶんかい》 といい，求めた2つの力を 分力 といいます。

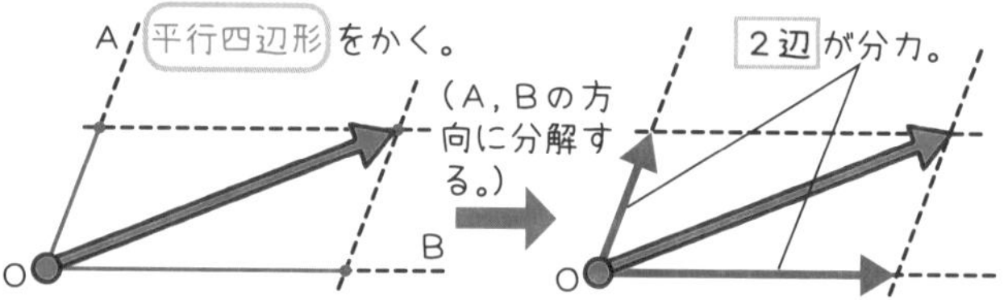

A
平行四辺形をかく。
（A，Bの方向に分解する。）
B
2辺が分力。
O
O

寝る前にもう一度

- 力を合わせたのが合力，力を分けたのが分力。
- 2つの力の合力は，平行四辺形の対角線。

★今夜おぼえること

斜面《しゃめん》を下る運動は、傾きが大きいほど速さの変化が大。

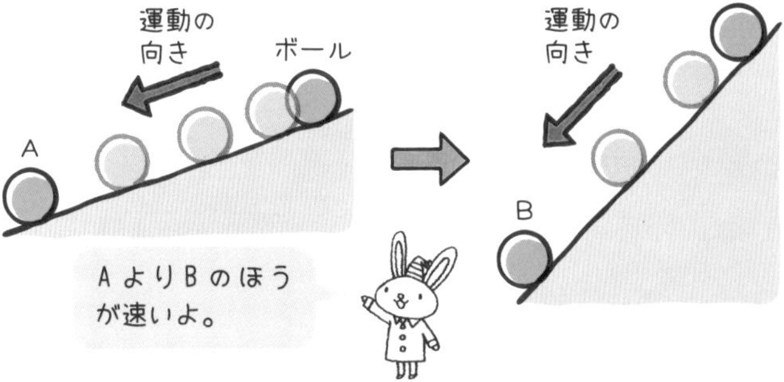

速さは変わらず、一直線上を動く等速直線運動《とうそくちょくせんうんどう》。

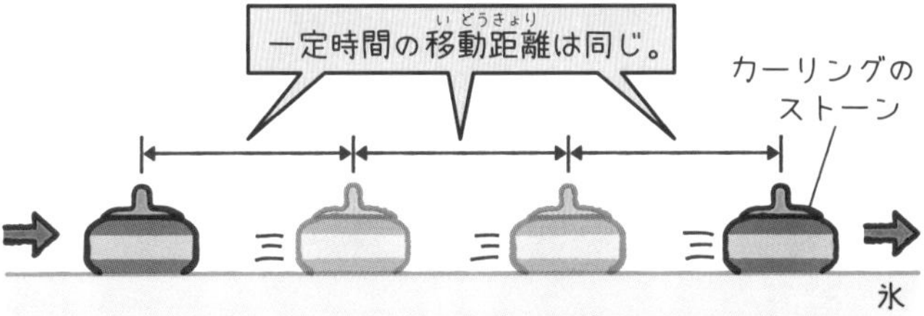

理科

★今夜のおさらい

斜面上の物体には，斜面に平行な方向と斜面に垂直な方向に，重力の分力《ぶんりょく》がはたらきます。

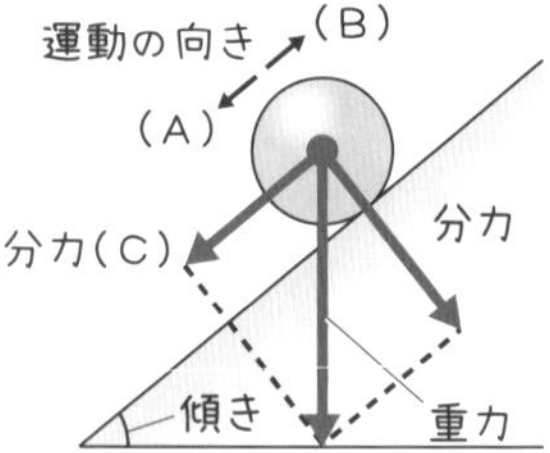

・Aのとき…速さは大きくなる。
・Bのとき…速さは小さくなる。
・Cが大きい（傾きが大きい）ほど…速さの変化の割合が大きくなる。

物体に力がはたらかないときや力がつり合っているとき，運動している物体は等速直線運動をして，静止している物体は静止を続けます。これを慣性《かんせい》の法則といいます。

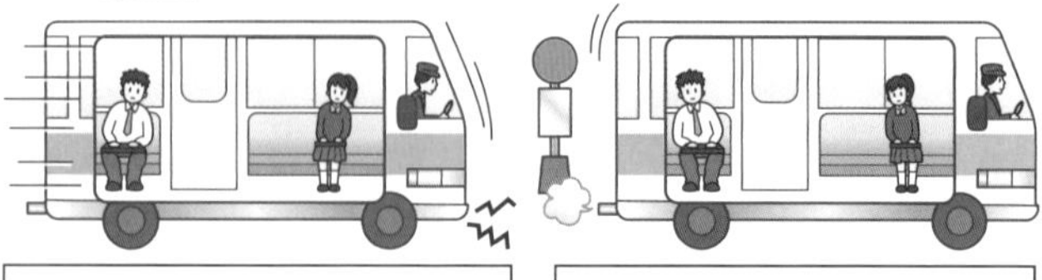

〈車が停車するとき〉
人は運動を続けようとして，前へ動く。

〈車が発車するとき〉
人は静止を続けようとして，うしろへ動く。

寝る前にもう一度

- 斜面を下る運動は，傾きが大きいほど速さの変化が大。
- 速さは変わらず，一直線上を動く等速直線運動。

8. 物理：仕事とエネルギー

□　月　日
□　月　日

★今夜おぼえること

仕事《しごと》は，力の大きさに移動《いどう》距離《きょり》をかける。

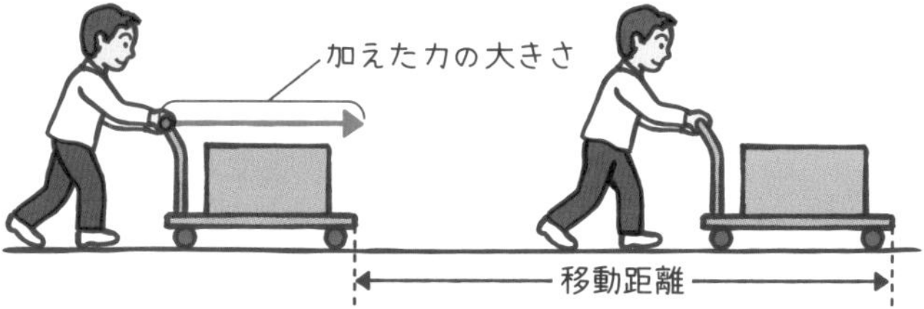

ゴロ合わせ 運気が増加で，地位減少。

（運動エネルギー）　（位置エネルギー）

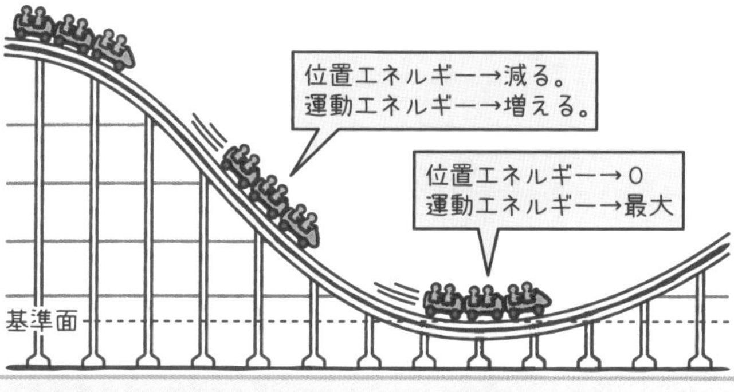

★今夜のおさらい

仕事〔J〕＝力の大きさ〔N〕×移動距離〔m〕

仕事率《しごとりつ》〔W〕＝ $\dfrac{\text{仕事〔J〕}}{\text{かかった時間〔s〕}}$

〈100gの物体にはたらく重力を1Nとする〉

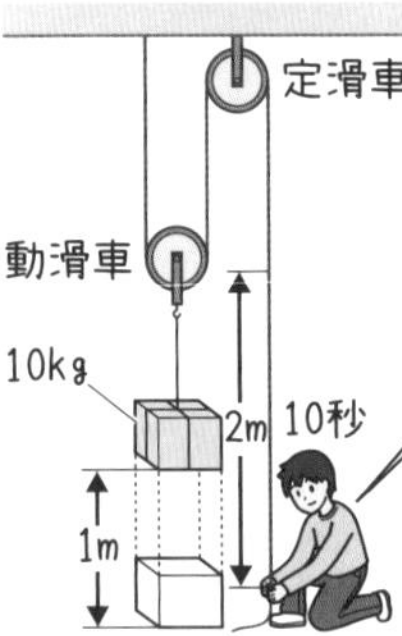

仕事：50〔N〕×2〔m〕＝100〔J〕

仕事率：100〔J〕÷10〔s〕＝10〔W〕

動滑車《どうかっしゃ》を１つ使うと，力の大きさは半分になるけど，ひもを引く距離は２倍になるよ。

位置エネルギーと運動エネルギーの和を力学的《りきがくてき》エネルギーといい，エネルギーが移り変わっても一定に保たれます。これを力学的エネルギー保存の法則といいます。

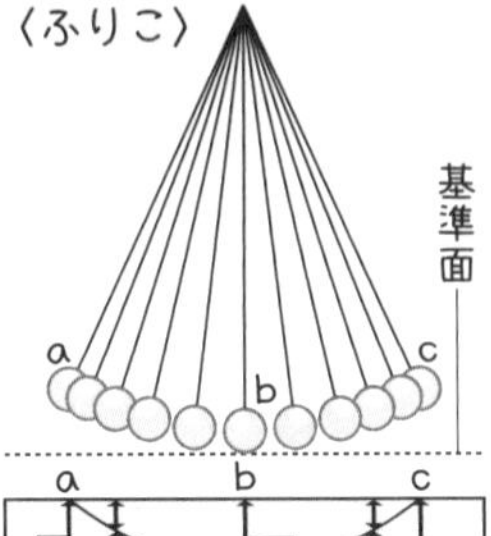

寝る前にもう一度

- 仕事は，力の大きさに移動距離をかける。
- 運気が増加で，地位減少。

★今夜おぼえること

中1の復習

溶《よう》解《かい》度《ど》＝とける限度量

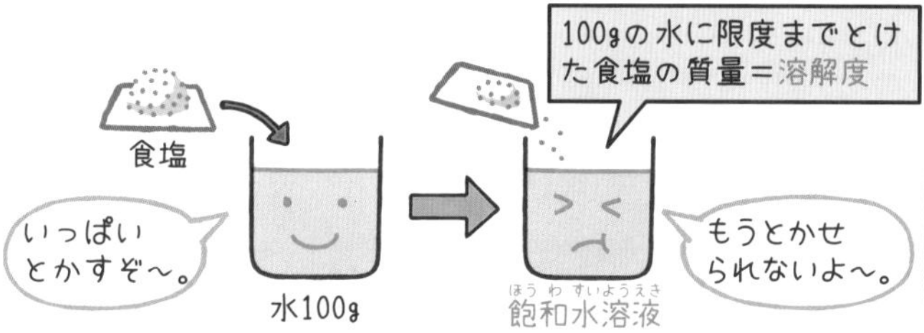
100gの水に限度までとけた食塩の質量＝溶解度
食塩
いっぱいとかすぞ～。
水100g
もうとかせられないよ～。
飽和水溶液《ほうわすいようえき》

中1の復習

固体⇔液体⇔気体，質量は同じで，体積は変化する。

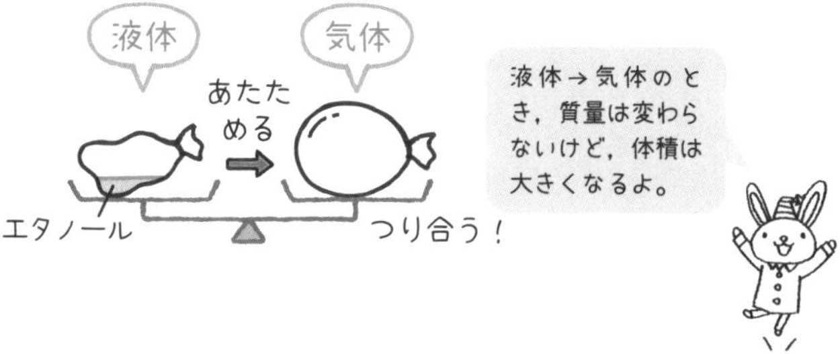
液体
気体
あたためる
エタノール
つり合う！
液体→気体のとき，質量は変わらないけど，体積は大きくなるよ。

★今夜のおさらい

溶《よう》質《しつ》が水100gにとける限度の質量を**溶解度**といい，溶質が溶解度までとけている水溶液を**飽和水溶液**といいます。

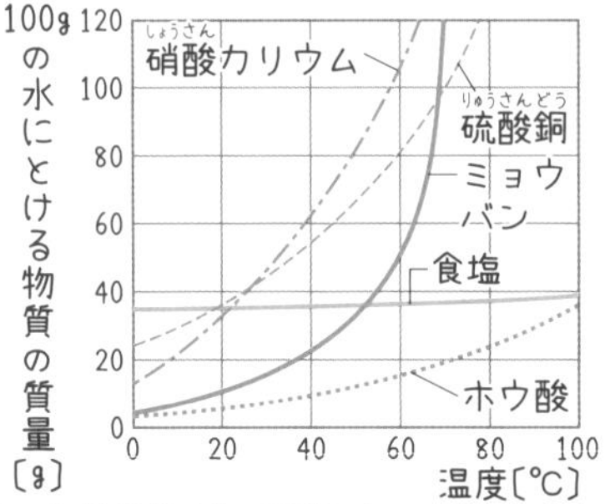

※ふつう，溶解度は水の温度によって変化します。

状態変化では，物質の**質量**は変化しませんが，**体積**は変化します。ふつう，固体→液体→気体の順に体積は**大きく**なります。

※水は例外で，固体→液体のときに体積は小さくなります。

〈粒子《りゅうし》の運動の変化〉

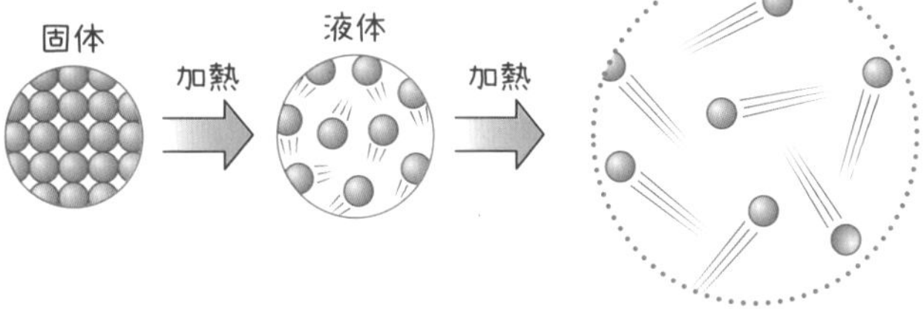

寝る前にもう一度

- 溶解度＝とける限度量
- 固体⇔液体⇔気体，質量は同じで，体積は変化する。

10．化学：物質のなりたち

□　月　日
□　月　日

★今夜おぼえること

中2の復習

分かれる化学変化《かがくへんか》は分解《ぶんかい》。

中2の復習

ゴロ合わせ　げんさんの子は，最前列！

（原子）　（最小）

〈原子《げんし》の性質〉

①分けることができない。

②ほかの原子に変わらない。

③なくならない。

④新しくできない。

⑤種類によって，質量・大きさが決まっている。

★今夜のおさらい

1種類の物質が2種類以上の物質に分かれる化学変化を，分解といいます。

〈炭酸水素ナトリウムの分解〉

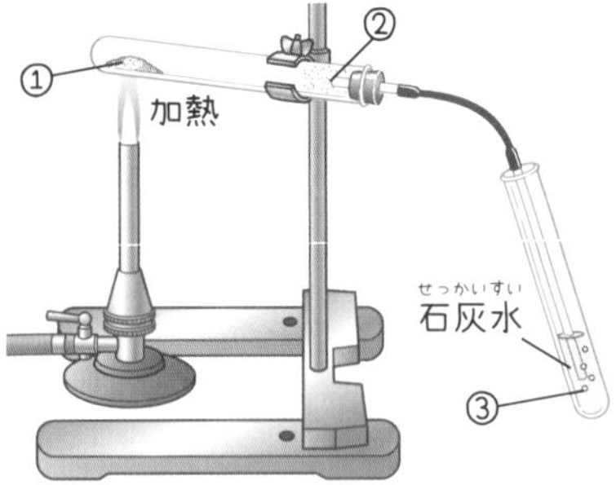

●実験の結果

①反応後に残った白い粉末→炭酸ナトリウム

②できた液体で，塩化コバルト紙が赤変→水（水蒸気）

③気体が発生し，石灰水が白くにごる→二酸化炭素

物質は，原子というそれ以上分けることができない粒子《りゅうし》からできています。物質には，いくつかの原子が結びついた分子《ぶんし》からできているものがあります。

物質は，元素の記号を使った化学式《かがくしき》で表すことができます。

例 元素の記号…水素原子（H），酸素原子（O），炭素原子（C）

化学式…水素（H_2），酸素（O_2），水（H_2O），二酸化炭素（CO_2）

寝る前にもう一度

- 分かれる化学変化は分解。
- げんさんの子は，最前列！

★今夜おぼえること

中2の復習

鉄粉《てっぷん》と硫黄《いおう》で硫化鉄《りゅうかてつ》。

鉄 + 硫黄 → 硫化鉄 (鉄と硫黄の化合物《かごうぶつ》)
Fe　S　FeS

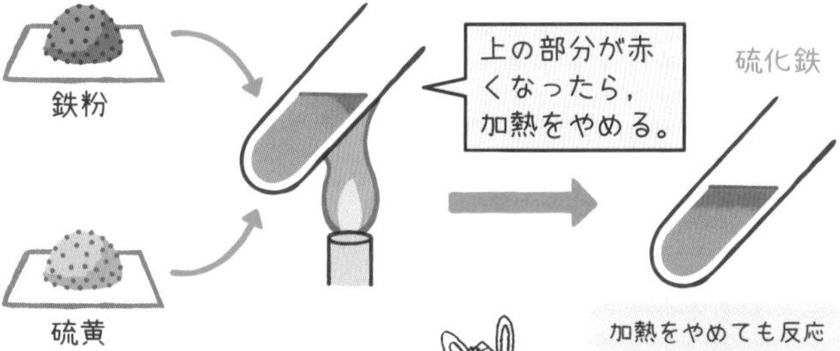

加熱をやめても反応が進むのは，反応によって発熱するためだよ。

中2の復習

酸素がとられると還元《かんげん》。

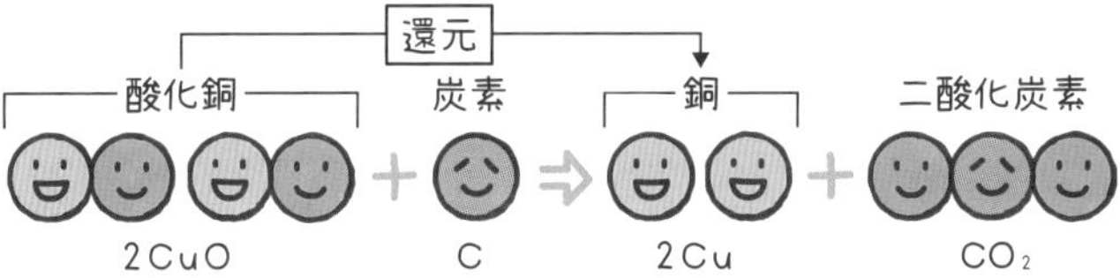

★今夜のおさらい

化学反応前の鉄粉・硫黄と，化学反応後の物質（硫化鉄）の性質

	色	磁石につくか	電流が流れるか	うすい塩酸との反応
鉄	銀白色	つく	流れる	水素が発生
硫　黄	黄　色	つかない	流れない	反応しない
硫化鉄	黒　色	つかない	流れない	硫化水素が発生

酸化銅と炭素の粉末を混ぜて加熱すると，酸化銅は還元されて銅になり，炭素は酸化《さんか》されて二酸化炭素になります。

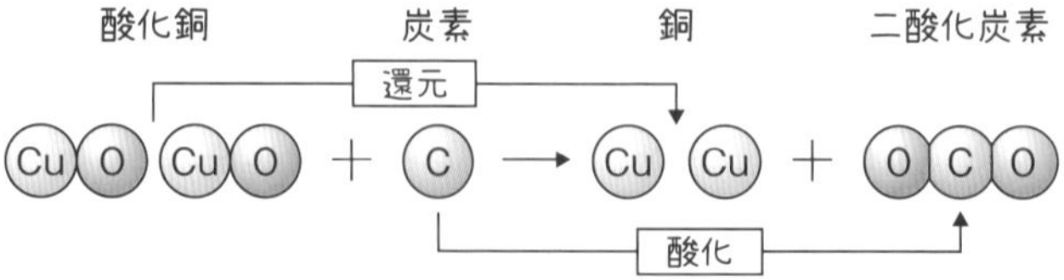

$$2CuO + C \rightarrow 2Cu + CO_2$$

寝る前にもう一度

- 鉄粉と硫黄で硫化鉄。
- 酸素がとられると還元。

★今夜おぼえること

中2の復習

化《か》学《がく》変《へん》化《か》の前後で全体の質量は変わらない。

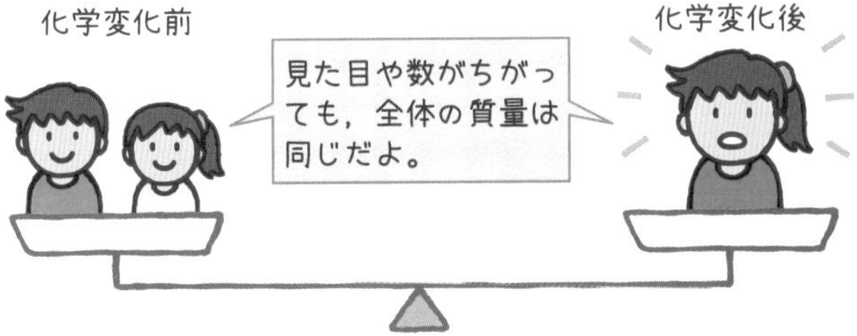

中2の復習

化《か》学《がく》反《はん》応《のう》する物質の質量の割合《わりあい》はつねに一定。

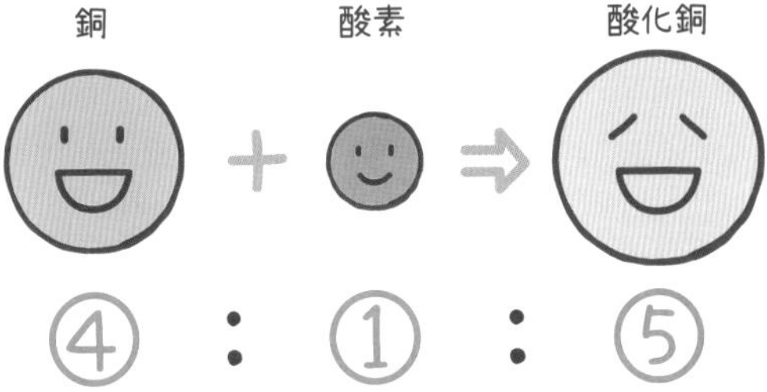

★今夜のおさらい

化学変化の前後で，物質全体の質量は変わらないことを，質量《しつりょう》保《ほ》存《ぞん》の法則といいます。

反応前の物質の質量の総和

＝反応後の物質の質量の総和

金属が酸素と反応するとき，金属と酸素は決まった質量の割合で反応します。

▼金属の質量とその酸化物の質量の関係⇒比例関係

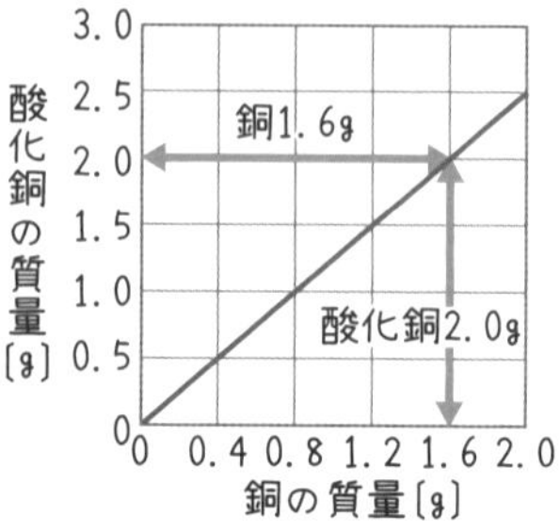

質量の比は　銅：酸化銅

4：5

▼金属の質量とその金属と反応した酸素の質量の関係⇒比例関係

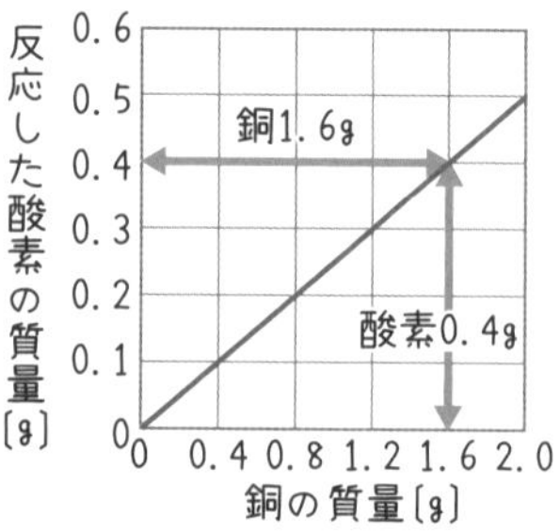

質量の比は　銅：酸素

4：1

寝る前にもう一度

- 化学変化の前後で全体の質量は変わらない。
- 化学反応する物質の質量の割合はつねに一定。

13. 化学：水溶液とイオン

□　月　日
□　月　日

★今夜おぼえること

銅と塩素に分解する塩化銅。

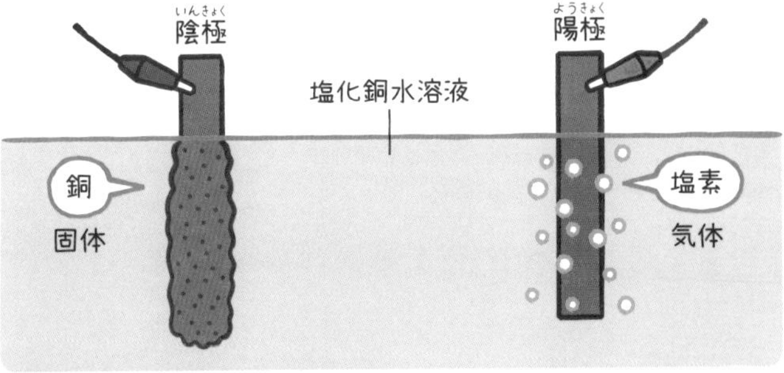

失って陽《よう》気《き》に、得て陰《いん》気《き》に！

（電子を失って陽イオン）（電子を得て陰イオン）

★今夜のおさらい

水にとかしたとき電流を通す物質を電解質《でんかいしつ》，
電流を通さない物質を非電解質《ひでんかいしつ》といいます。

電解質の水溶液の電気分解

・塩化銅水溶液：塩化銅($CuCl_2$)→銅(Cu)＋塩素(Cl_2)
　　発生する電極：　陰極　　陽極

・塩酸：塩化水素($2HCl$)→水素(H_2)＋塩素(Cl_2)
　　発生する電極：　陰極　　陽極

原子が電気を帯びたものをイオンといい，
電子を失い＋《プラス》の電気を帯びたものを陽イオン，
電子を得て－《マイナス》の電気を帯びたものを陰イオン
といいます。

電解質は，水にとけると陽イオンと陰イオンに分かれます。これを電離《でんり》といいます。

塩化銅水溶液

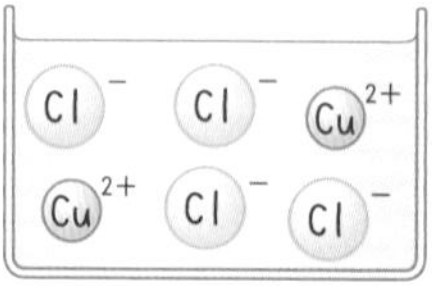

$CuCl_2$ → Cu^{2+} ＋ $2Cl^-$

塩酸

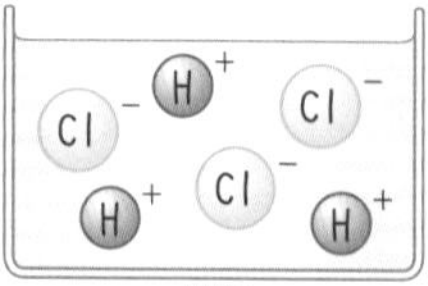

HCl → H^+ ＋ Cl^-

→イオンは化学式で表せます。
〈例〉陽イオン：Cu^{2+}（銅イオン），H^+（水素イオン）
　　　陰イオン：Cl^-（塩化物イオン）

寝る前にもう一度

銅と塩素に分解する塩化銅。

失って陽気に，得て陰気に！

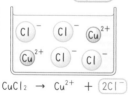

14. 化学：イオンと電池

□　　月　　日
□　　月　　日

★今夜おぼえること

金属によって，イオンになりやすさがあるのサ。

電池は2種類の金属，亜鉛《あえん》は−《マイナス》極，銅は＋《プラス》極。

★今夜のおさらい

金属によってイオンのなりやすさに差があります。

K>Na>Mg>Zn>Fe>(H)>Cu>Ag>Au

左ほどイオンになりやすい。これを「イオン化《か》傾向《けいこう》」という。

異なる種類の2枚の金属板を，電解質《でんかいしつ》の水溶液《すいようえき》にひたした装置を電池といいます。

亜鉛板と銅板をうすい塩酸にひたした電池では，亜鉛板が－極に，銅板が＋極になります。亜鉛はとけ，銅板から水素が発生します。2つの金属板を導線でつなぐと，亜鉛板から銅板に向かって電子が移動し，銅板から亜鉛板に向かって電流が流れます。

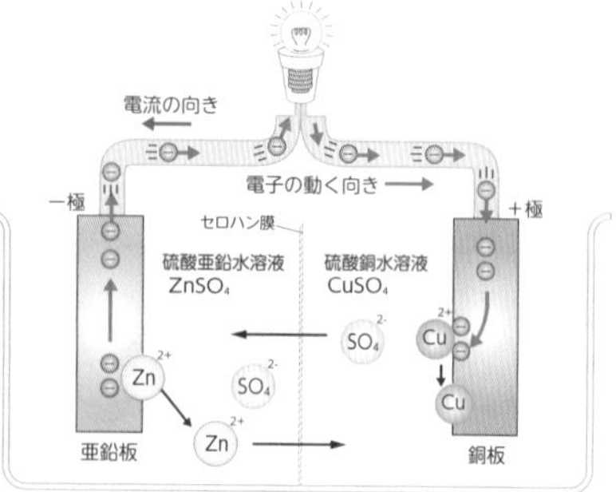

これを「ダニエル電池」という（右のモデル図）。

寝る前にもう一度

- 金属によって，イオンになりやすさがあるのサ。
- 電池は2種類の金属，亜鉛は－極，銅は＋極。

★今夜おぼえること

H^+ができる酸《さん》，OH^-ができるアルカリ。

ゴロ合わせ　さんざん歩いて縁《えん》ができたが，水の中！

さんざん（酸）　歩いて（アルカリ）　縁（塩）　水（水）

★今夜のおさらい

水にとけて電離し，水素イオン(H^+)ができる化合物を酸，水酸化物イオン(OH^-)ができる化合物をアルカリといいます。

〈塩酸（酸の水溶液）に電圧を加える〉

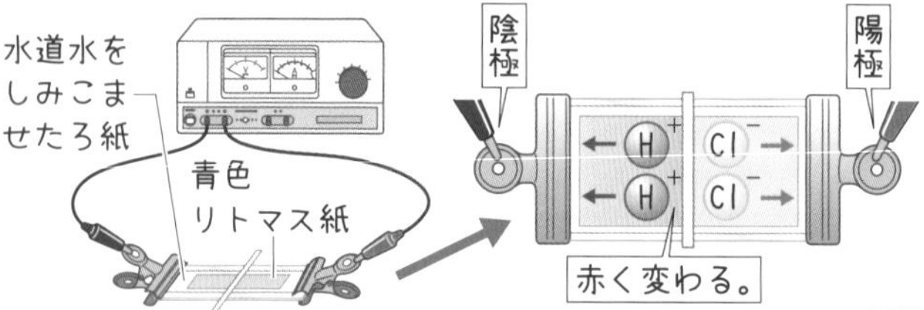

青色リトマス紙を赤く変えるのは，H^+

酸の水溶液とアルカリの水溶液を混ぜたとき，たがいの性質を打ち消し合う反応を中和《ちゅうわ》といいます。このとき，水と塩《えん》ができます。

〈塩酸と水酸化ナトリウム水溶液を混ぜる〉

塩酸（塩化水素）HCl → H^+ ＋ Cl^-

水酸化ナトリウム NaOH → OH^- ＋ Na^+

H^+ と OH^- → H_2O …水

Cl^- と Na^+ → 水を蒸発 → NaCl …塩（塩化ナトリウム）

寝る前にもう一度

- H^+ができる酸，OH^-ができるアルカリ。
- さんざん歩いて縁ができたが，水の中！

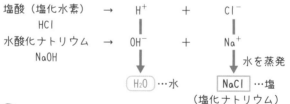

□　月　日
□　月　日

★今夜おぼえること

中2の復習

ゴロ合わせ うちの水 道管。

（茎の維管束の内側）　（水の通り道→道管）

〈茎《くき》の断面（双子葉類《そうしようるい》）〉

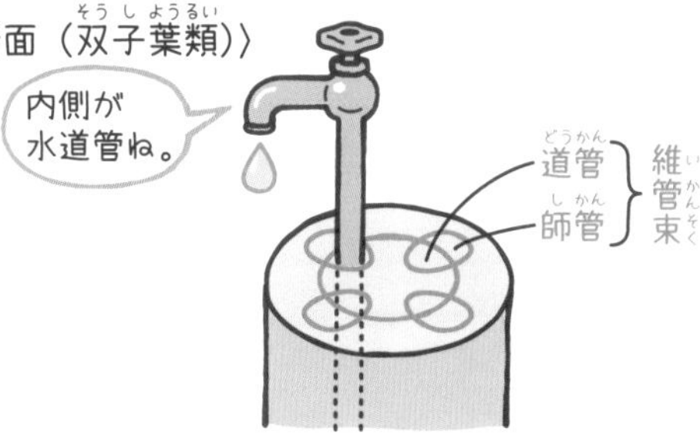

中1の復習

葉脈《ようみゃく》は，

単《たん》は平行，双《そう》は網目《あみめ》。

〈単子葉類《たんしようるい》〉

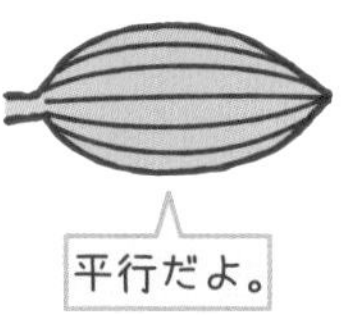

〈双子葉類《そうしようるい》〉

単子葉類の
葉脈は平行，
双子葉類の
葉脈は網目状。

★今夜のおさらい

植物のからだには，根から吸収した水や水にとけた養分(肥料分《ひりょうぶん》)を運ぶ道管，葉でできた栄養分を運ぶ師管があり，道管と師管が集まって束《たば》になった部分を維管束といいます。

〈茎の断面〉

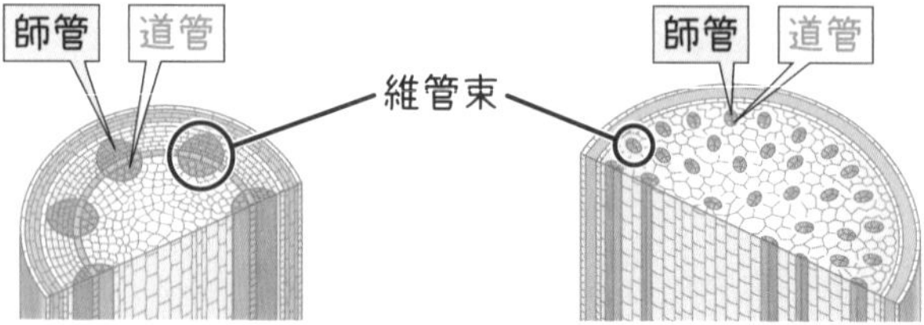

▲ホウセンカ　　▲トウモロコシ

単子葉類と双子葉類のちがいをまとめました。

	単子葉類	双子葉類
葉脈	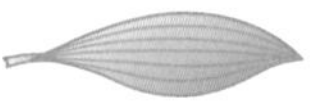 平行	 網目状
茎の維管束	 ばらばら	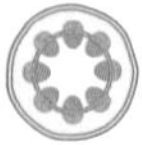 輪状
根	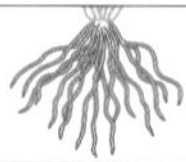 ひげ根	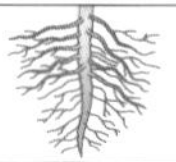 主根《しゅこん》・側根《そっこん》

寝る前にもう一度

- うちの水道管。
- 葉脈は，単は平行，双は網目。

17. 生物：植物の分類

□　月　日
□　月　日

★今夜おぼえること

中1の復習

シダとコケは胞子《ほうし》でふえる。

〈シダ植物〉

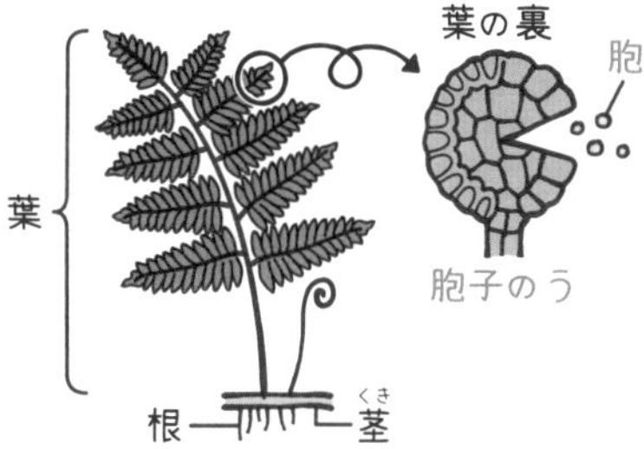

▲イヌワラビ

〈コケ植物〉

▲スギゴケ(雌株《めかぶ》)

中1の復習

ゴロ合わせ　ラッシュでまっすぐ

（裸子植物）　（マツ・スギ）

早朝担当。

（双子葉類）（アサガオ）（単子葉類）（トウモロコシ）

★今夜のおさらい

シダ植物やコケ植物は，種子をつくらず胞子でふえます。どちらも葉緑体《ようりょくたい》があり，光合成《こうごうせい》をします。シダ植物は根・茎・葉の区別がありますが，コケ植物は根・茎・葉の区別がありません。コケ植物は，からだの表面全体から水を吸収し，根のように見える仮根はからだを地面に固定する役目をしています。

植物の分類

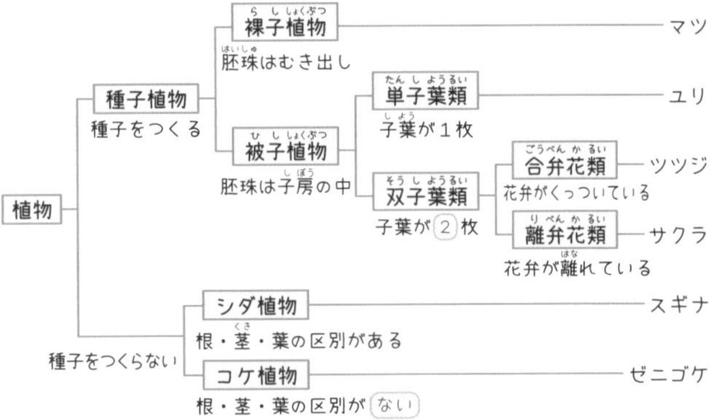

寝る前にもう一度

- シダとコケは胞子でふえる。
- ラッシュでまっすぐ早朝担当。

18. 生物：生物と細胞，動物のからだ

□ 月 日
□ 月 日

★今夜おぼえること

中2の復習

ゴロ合わせ 植物は，緑色の壁《かべ》に液入れる。

（葉緑体）（細胞壁）（液胞）

〈動物の細胞〉　〈植物の細胞〉

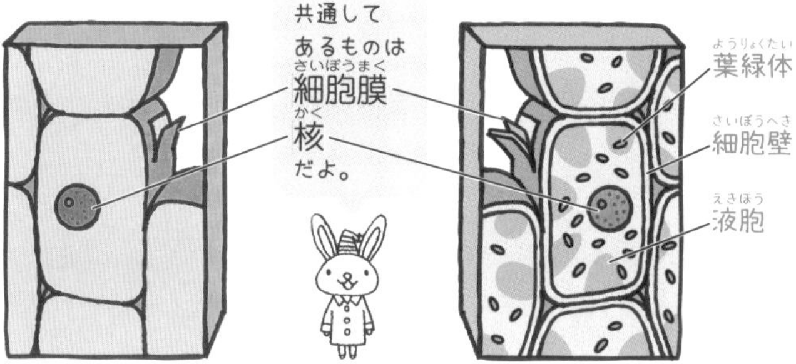

※核《かく》のまわりの部分を細胞質という。

中2の復習

栄養分は小腸から吸収《きゅうしゅう》。

〈小腸の内壁《ないへき》のひだ〉　〈柔毛《じゅうもう》の断面〉

★今夜のおさらい

☆核は，酢酸《さくさん》オルセイン液や酢酸カーミン液といった染色液で染まります。

▼タマネギの表皮の細胞

▼ヒトのほおの内側の粘膜《ねんまく》の細胞

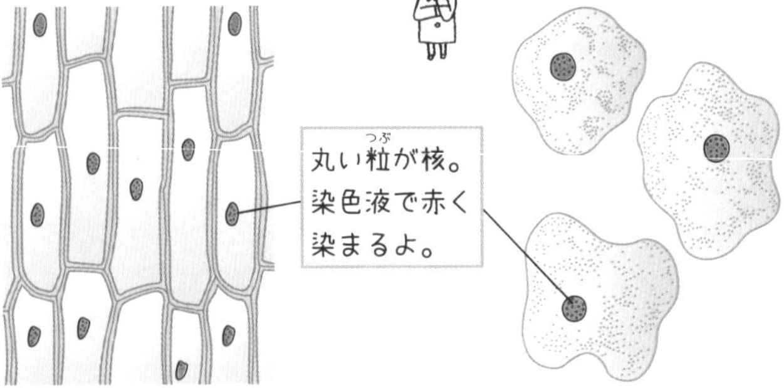

☾デンプンはブドウ糖，タンパク質はアミノ酸，脂肪《しぼう》は脂肪酸とモノグリセリドに分解されて，小腸の柔毛から吸収されます。

柔毛から吸収されたあと，ブドウ糖やアミノ酸は，毛細血管に入ります。そして，脂肪酸とモノグリセリドは，再び脂肪になってリンパ管に入ります。

寝る前にもう一度

☆植物は，緑色の壁に液入れる。

☾栄養分は小腸から吸収。

19．生物：生物のふえ方

□　月　日
□　月　日

★今夜おぼえること

雌《し》雄《ゆう》による有性生殖《ゆうせいせいしょく》，

雌雄によらない無性生殖《むせいせいしょく》。

ゲゲッ
カゾクガ…
フエマシ…タ
ドウモ…

卵《らん》と精子《せいし》で受精《じゅせい》して，

受精卵《じゅせいらん》から胚《はい》，発生。

2つをこうして入れますと…
卵
精
ハイ！発生！
じゃーん

★今夜のおさらい

生物が子をつくってふえることを，生殖といいます。生殖には，雄《おす》と雌《めす》による有性生殖と，雄・雌によらない無性生殖があります。

- 有性生殖は，雄の体内（精巣《せいそう》）でつくられた精子と，雌の体内でつくられた卵(卵子)が受精することで，新しい生命が生まれます。有性生殖は両親の特徴を半分ずつ受けつぎます。
- 無性生殖は雌雄でなく，親の細胞の一部から新しい個体が生まれます。植物の無性生殖をとくに栄養生殖といいます。無性生殖は親の特徴をそのまま受けつぎます。

受精によってできた受精卵が細胞分裂《ぶんれつ》して胚となり，それが成長して成体になります。この過程を発生といいます。

- 植物では，花粉の中の精細胞《せいさいぼう》と胚珠《はいしゅ》の中の卵細胞《らんさいぼう》が受精し，受精卵ができ，これが細胞分裂をして胚となります。

動物も植物も受精卵が
成長していく過程を
「発生」というよ。

寝る前にもう一度

- 雌雄による有性生殖，雌雄によらない無性生殖。
- 卵と精子で受精して，受精卵から胚，発生。

20．生物：細胞分裂と遺伝

□　月　日
□　月　日

★今夜おぼえること

染色体《せんしょくたい》，2倍になって集まり，分かれて両端《りょうたん》に移動。

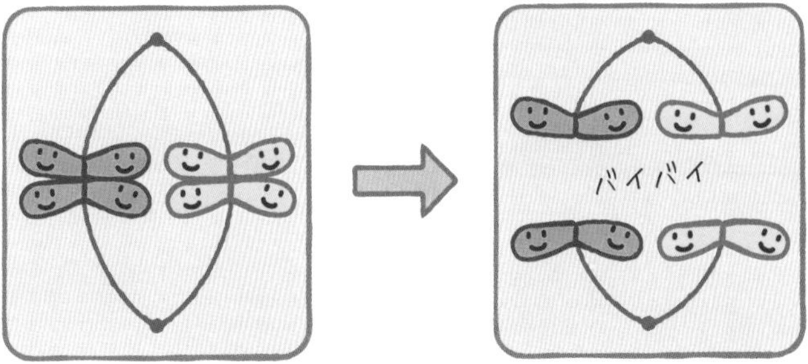

対《つい》の遺伝子《いでんし》，分かれて別々の細胞へ。

└→分離の法則

★今夜のおさらい

1個の細胞が分かれて，2個の細胞ができることを **細胞分裂《さいぼうぶんれつ》** といいます。

＜細胞分裂のようす（植物）＞

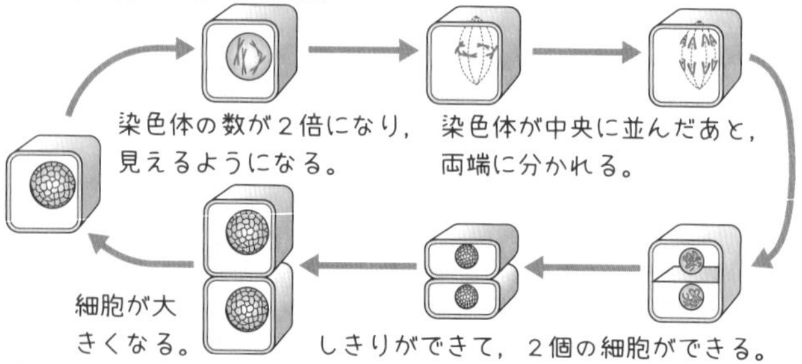

遺伝子がAAとaaの個体をかけ合わせたとき，子に現れる形質《けいしつ》を **顕性《けんせい》** の形質，子に現れない形質を **潜性《せんせい》** の形質といいます。

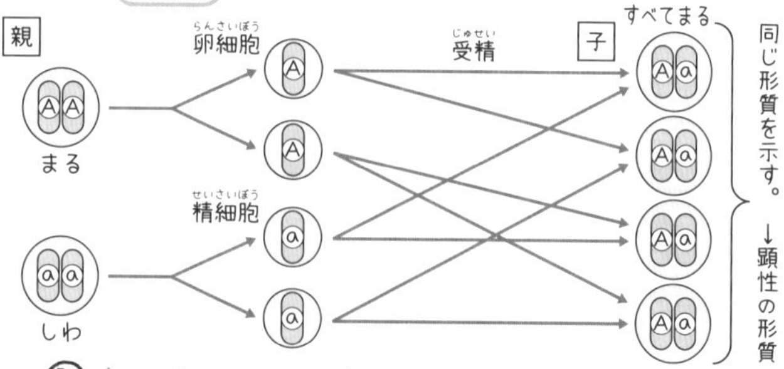

寝る前にもう一度

- 染色体，２倍になって集まり，分かれて両端に移動。
- 対の遺伝子，分かれて別々の細胞へ。

21．生物：生物の多様性と進化

□　月　日
□　月　日

★今夜おぼえること

中1の復習

背《せ》骨《ぼね》をもつ脊椎《せきつい》動物。

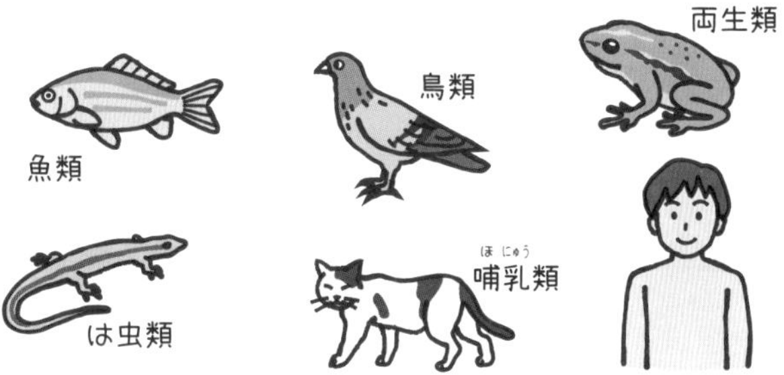

カエルの前あしとヒトのうでは基本的に同じつくり。

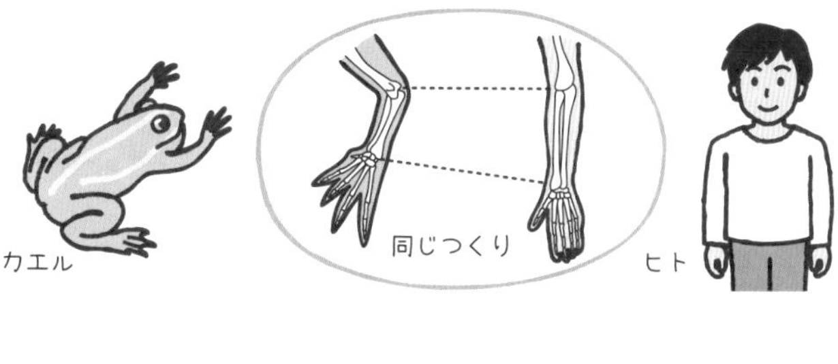

★今夜のおさらい

動物は，背骨をもつ**脊椎《せきつい》**動物と，背骨をもたない**無脊椎**動物に分けられます。

〈脊椎動物のなかま分け〉

哺乳《ほにゅう》類	鳥類	は虫類	両生類	魚類
胎生《たいせい》	**卵生《らんせい》**			
恒温《こうおん》動物		変温《へんおん》動物		
肺			幼生はえらと皮膚《ひふ》,成体は肺《はい》と皮膚	えら
毛	羽毛《うもう》	うろこ	しめった皮膚	うろこ
内骨格《ないこっかく》				

発生の初期の形や骨格などが似ていて，現在では形やはたらきがちがっていても，基本的には同じつくりをしている器官を，**相同器官《そうどうきかん》**といいます。

● おもな相同器官の例

脊椎動物の前あし…魚類の胸びれ，両生類・は虫類の前あし，鳥類のつばさ，哺乳類の前あしなど。

寝る前にもう一度

- 背骨をもつ脊椎動物。
- カエルの前あしとヒトのうでは基本的に同じつくり。

★今夜おぼえること

中1の復習

ゴロ合わせ **新　幹　線　は**
（深成岩）（花こう岩）（閃緑岩）（斑れい岩）

刈　り　上　げ　。
（火山岩）（流紋岩）（安山岩）（玄武岩）

中1の復習

P 波は速い，S 波はゆっくり。

P 波が到着すると
初期微動《しょきびどう》が始まり，
S 波が到着すると
主要動《しゅようどう》が始まるよ。

★今夜のおさらい

火成岩《かせいがん》の分類

岩石の色		白っぽい ←――――――――→ 黒っぽい（灰色）		
鉱物《こうぶつ》の割合		㋟無色鉱物 ←――――――――→ 有色鉱物㋟		
岩石の例	※1 深成岩	花《か》こう岩《がん》	閃緑岩《せんりょくがん》	斑《はん》れい岩《がん》
	※2 火山岩	流紋岩《りゅうもんがん》	安山岩《あんざんがん》	玄武岩《げんぶがん》

※1 深成岩《しんせいがん》…マグマがゆっくり冷える。等粒状《とうりゅうじょう》組織《そしき》

※2 火山岩《かざんがん》…マグマが急に冷える。斑状組織《はんじょうそしき》（石基《せっき》と斑晶《はんしょう》）

初期微動はP波によって起こり，主要動はS波によって起こります。P波はS波よりも速さが速いので，P波が到着してからS波が到着するまでの時間から，震源までのだいたいの距《きょ》離《り》がわかります。

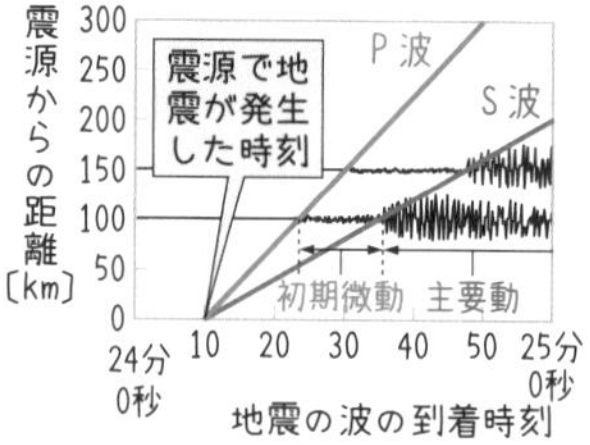

寝る前にもう一度

- 新幹線は刈り上げ。
- P波は速い，S波はゆっくり。

★今夜おぼえること

中1の復習

粒《つぶ》が大きいものから順に、

れき岩《がん》＞砂岩《さがん》＞泥岩《でいがん》。

〈れき岩〉

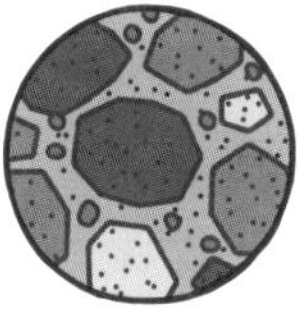

直径2mm以上

〈砂岩〉

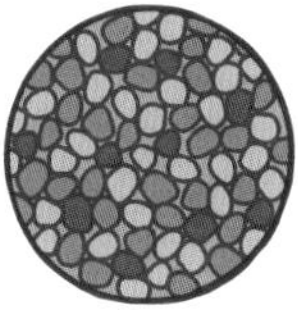

直径$\frac{1}{16}$～2mm

〈泥岩〉

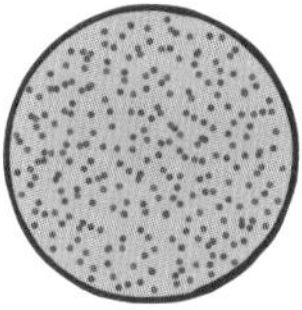

直径$\frac{1}{16}$mm以下

中1の復習

ゴロ合わせ　まんじゅうのあんは、中。

（アンモナイト）（中生代）

〈サンヨウチュウ〉

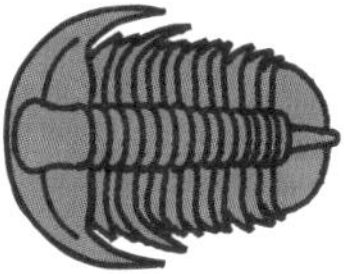

古生代

〈アンモナイト〉

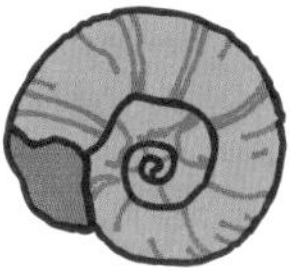

中生代

〈ビカリア〉

新生代

示準化石《しじゅんかせき》だよ。

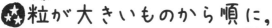

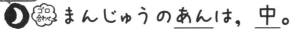

★今夜のおさらい

堆積岩《たいせきがん》の特徴《とくちょう》

	おもな特徴
泥岩	おもに泥《どろ》でできていて，粒の直径は $\frac{1}{16}$ mm 以下
砂岩	おもに砂でできていて，粒の直径は $\frac{1}{16}$ ～ 2 mm
れき岩	おもにれきでできていて，粒の直径は 2 mm 以上
石灰岩《せっかいがん》	うすい塩酸をかけると二酸化炭素が発生する
チャート	うすい塩酸をかけても二酸化炭素は発生しない
凝灰岩《ぎょうかいがん》	おもに火山の噴出物《ふんしゅつぶつ》でできていて，粒は角ばっている

示相《しそう》化石《かせき》は，地層《ちそう》が堆積《たいせき》した当時の環境を知る手がかりとなります。示準化石は，地層が堆積した時代を知る手がかりとなります。

〈おもな示相化石〉

サンゴ	あたたかくて，きれいな浅い海
シジミ	湖や淡水が混じった河口付近
ブナ	温帯で，少し寒冷な地域

〈おもな示準化石〉

古生代	サンヨウチュウ フズリナ
中生代	アンモナイト 恐竜
新生代	ビカリア ナウマンゾウ

寝る前にもう一度

- 粒が大きいものから順に，れき岩＞砂岩＞泥岩。
- まんじゅうのあんは，中。

★今夜おぼえること

中2の復習

ゴロ合わせ　**定期《ていき》代《だい》が上がって、**

（低気圧）（上昇気流）

好奇心が下がる！

（高気圧）（下降気流）

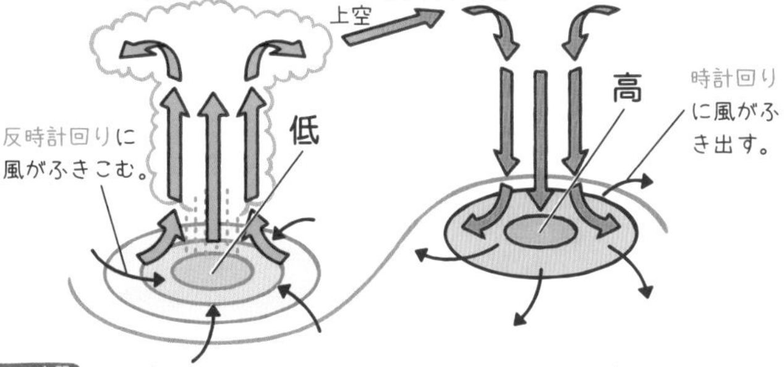

中2の復習

寒気《かんき》の上にはい上がる温暖《おんだん》前線、暖気《だんき》の下にもぐる寒冷《かんれい》前線。

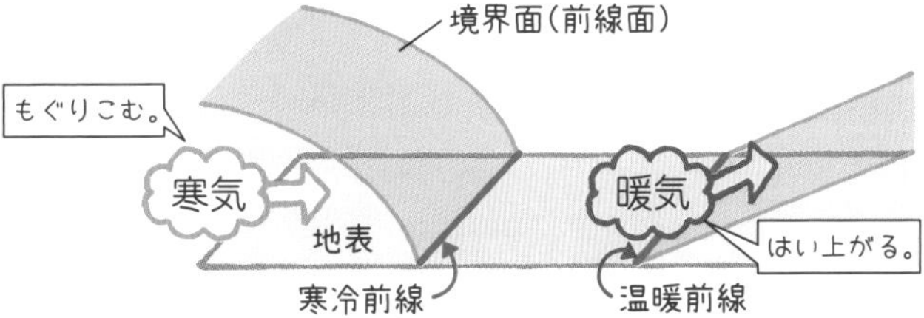

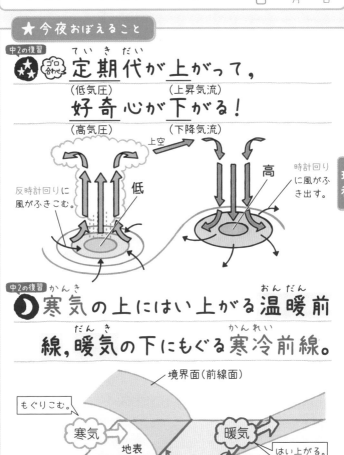

★今夜のおさらい

気圧《きあつ》の高いところを 高 気圧，気圧が低いところを 低 気圧といいます。風は， 気圧 の高いほうから低いほうへ向かってふきます。

温暖前線 は， 暖気 が寒気の上にはい上がり，寒気を押《お》しながら進む前線です。乱層雲《らんそううん》や高積雲《こうせきうん》などが発生し，長時間おだやかな雨が降ります。 寒冷前線 は， 寒気 が暖気の下にもぐりこみ，暖気を押しながら進む前線です。積乱雲《せきらんうん》が発達し， 短 時間に大量の雨が降り，かみなりや突風《とっぷう》をともなうこともあります。

〈前線の種類〉

	温暖前線	寒冷前線	停滞前線《ていたいぜんせん》	閉塞前線《へいそくぜんせん》
記号	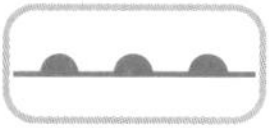	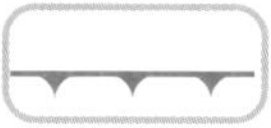	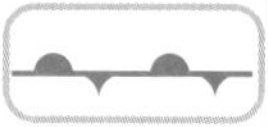	

寝る前にもう一度

- 定期代が上がって，好奇心が下がる！
- 寒気の上にはい上がる温暖前線，暖気の下にもぐる寒冷前線。

★今夜おぼえること

地球の自転《じてん》で，1時間に15°動くよ，見かけの動き。

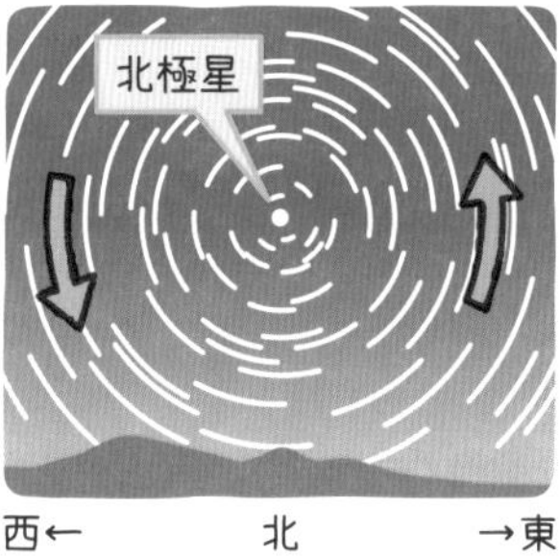

天体は，北極星を中心に，反時計回りに回っているよ。

ゴロ合わせ　季節の変化は，地軸《ちじく》が兄さんよ！

(23.4°)

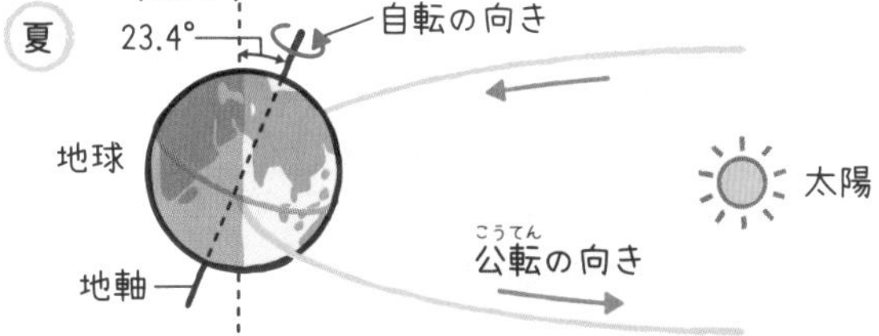

★今夜のおさらい

天体は地球の自転により，東から西に1時間に15°動きます。また，天体は地球の公転《こうてん》により，東から西に1か月に30°動きます。

〈同じ時刻に見えるオリオン座〉

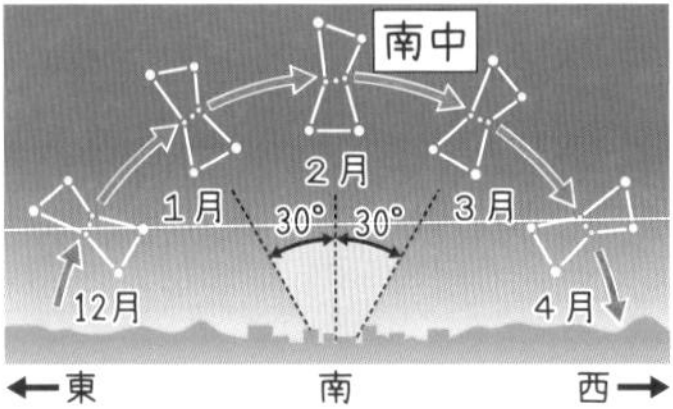

オリオン座は，2時間に30°動くので，南中《なんちゅう》する時刻は1か月に30÷15＝2〔時間〕早くなる。

地球は，地軸を公転面に垂直な方向から23.4°傾けて公転しているため，地球の位置によって太陽の南中高度や昼の長さにちがいができ，季節が生じます。

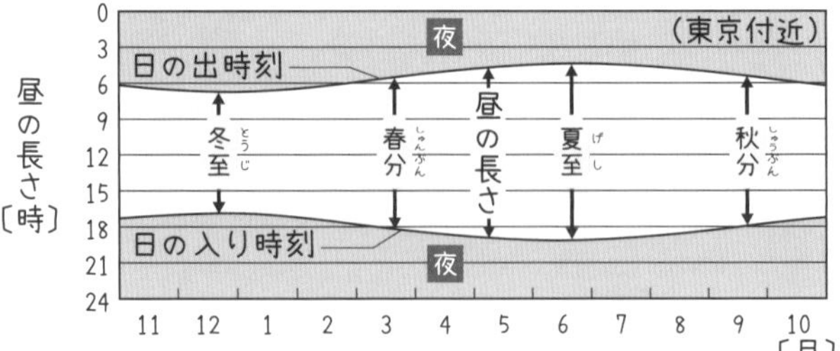

寝る前にもう一度

- 地球の自転で，1時間に15°動くよ，見かけの動き。
- 季節の変化は，地軸が兄さんよ！

★今夜おぼえること

明《あ》けの明星《みょうじょう》 明け方東に，よいの明星 夕方西に！

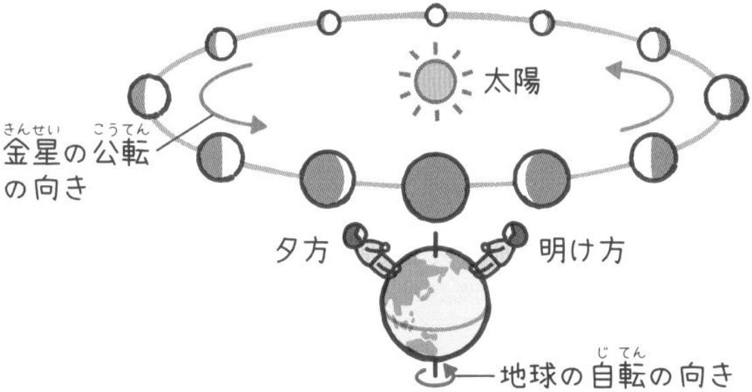

月が間で日食《にっしょく》，地球が間で月食《げっしょく》だ！

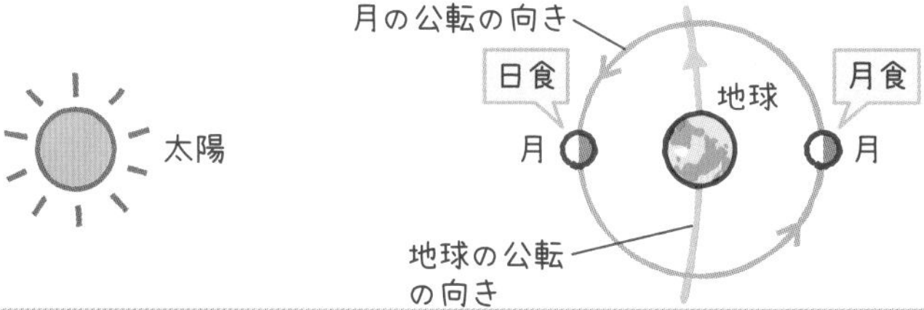

★今夜のおさらい

金星は地球の内側を公転している 内《ない》 惑星《わくせい》で，公転周期が地球とちがうため，見える位置や大きさが変化します。また，太陽，金星，地球の位置関係によって，満《み》ち欠《か》けします。

〈地球からの見え方〉

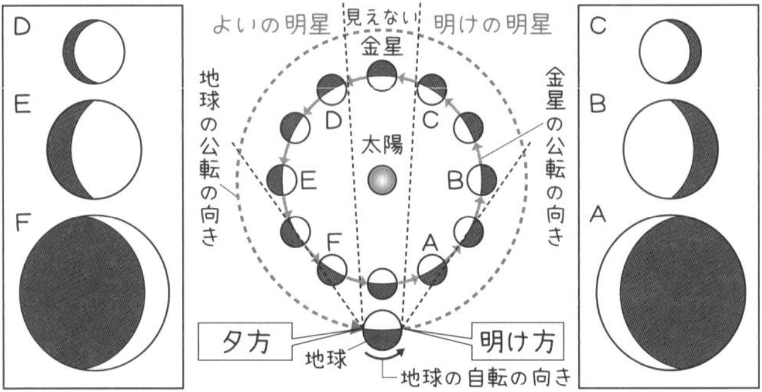

太陽， 月 ，地球 とならんだとき，太陽が月にかくされる現象を日食といいます。このときの月は 新月《しんげつ》 です。

太陽， 地球 ，月 とならんだとき，月が地球の影《かげ》に入る現象を 月食 といいます。このときの月は満月《まんげつ》です。

寝る前にもう一度

- 明けの明星 明け方東に，よいの明星 夕方西に！
- 月が間で日食，地球が間で月食だ！

★今夜おぼえること

水・金・地・火・木・土・天・海。

太陽は恒星《こうせい》で光りかがやく。

★今夜のおさらい

★太陽のまわりを回る 8 個の惑星《わくせい》と，惑星 のまわりを回る 衛星《えいせい》 などの集まりを，太陽系 といいます。
惑星は太陽に近い順から，水星，金星，地球，火星，木星，土星，天王星，海王星となります。

地球型惑星… 水星 ，金星 ，地球 ，火星 の惑星。岩石でできている。
衛星は水星と金星が0個，地球が1個，火星が2個と少ないです。

木星型惑星… 木星 ，土星 ，天王星 ，海王星 の4個の惑星。ほぼ気体でできています（惑星の中心には氷や岩石，液体などもあります）。
衛星は，木星や土星が60個以上など，数多くもっています。

☾太陽は高温の ガス のかたまりです。その表面には，黒点《こくてん》 やプロミネンスが見られます。太陽の周囲には，コロナ とよばれる高温（約100万℃）のガスが広がっています。

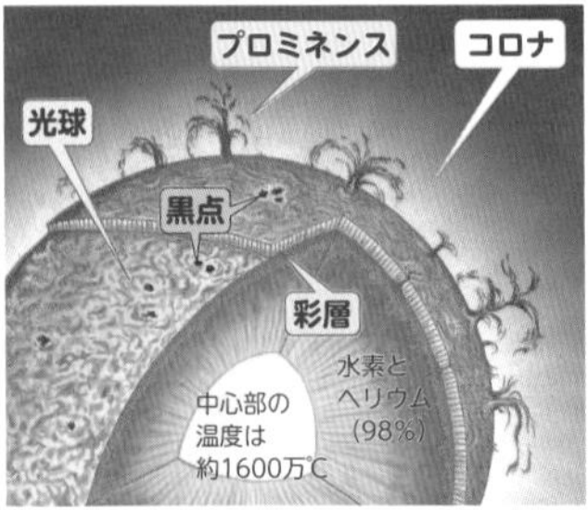

寝る前にもう一度

★水・金・地・火・木・土・天・海。

☾太陽は恒星で光りかがやく。

28．環境：自然と人間，科学技術と人間

□　月　日
□　月　日

★今夜おぼえること

有機物をつくれる生産者《せいさんしゃ》，つくれない消費者《しょうひしゃ》。

変換《へんかん》前後で，総量変わらずエネルギー。

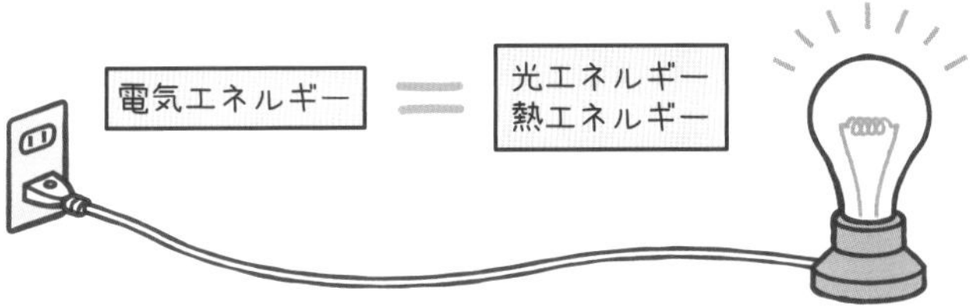

★今夜のおさらい

光合成《こうごうせい》によって有機物をつくれる生物を生産者，ほかの生物を食べて有機物を得る生物を消費者，生物の死がいなどの有機物を無機物に分解《ぶんかい》する生物を分解者といいます。

〈有機物や無機物の移動〉

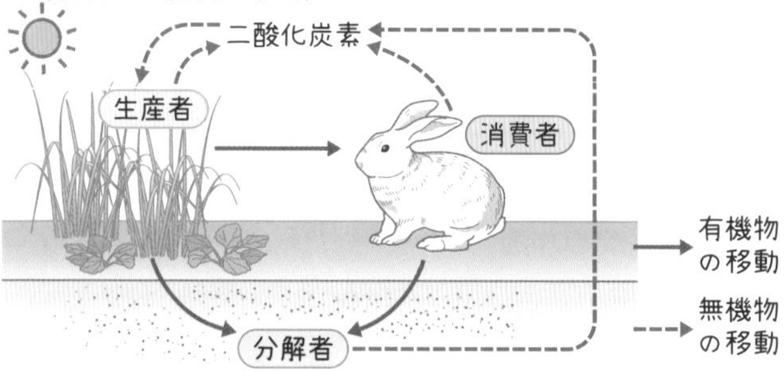

エネルギーはいろいろな形に変換できますが，変換前後で総量は変わりません。これをエネルギー保存《ほぞん》の法則といいます。
エネルギーを別のエネルギーに変換するとき，目的のエネルギー以外に，利用しにくい熱エネルギーなどにも変換されます。

寝る前にもう一度

- 有機物をつくれる生産者，つくれない消費者。
- 変換前後で，総量変わらずエネルギー。

1. 地理：世界の姿

□　月　日
□　月　日

★今夜おぼえること

中1の復習

最大のユーラシア大陸と太平《たいへい》洋《よう》。緯度《いど》は南北90度ずつ，経度《けいど》は東西180度ずつ。

地球の表面は陸地と海洋からできていて，面積の割合は，陸地3：海洋7で，海洋のほうが広い。六大陸と三大洋があるんだ。

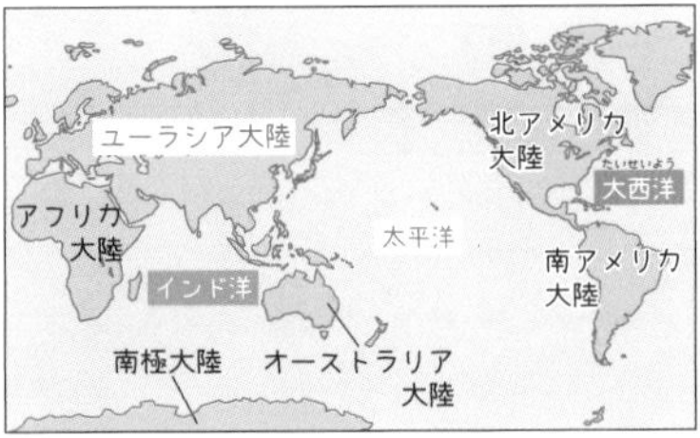

▲六大陸と三大洋

中1の復習

人口が多いのは中国とインド。面積最大はロシア連邦《れんぽう》。

中国とインドの人口は日本の10倍以上，ロシア連邦の面積は日本の約45倍だよ。

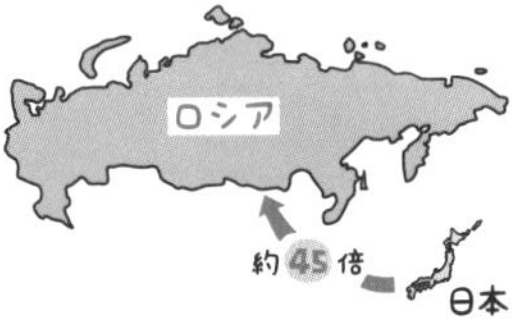

★今夜のおさらい

世界には**六大陸**と**三大洋**があります。最大の大陸は**ユーラシア大陸**，最大の海洋は**太平洋《たいへいよう》**です。地球上の位置は**緯度《いど》**と**経度《けいど》**によって表すことができます。

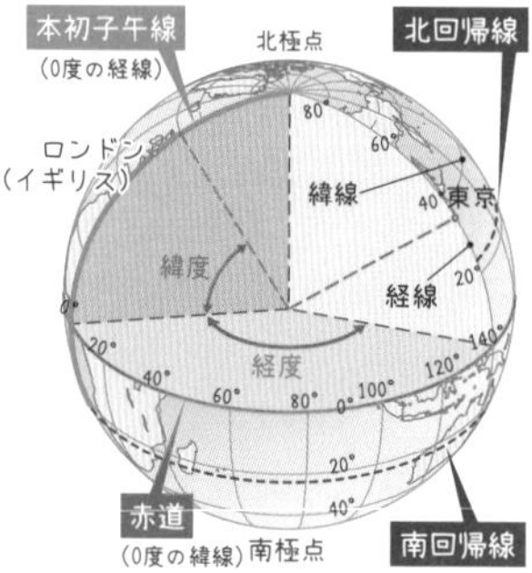

▲緯度と経度

世界の中でもとくに人口が多い国は**中国**と**インド**で，アメリカがそれに続きます。面積が世界で最も大きい国は**ロシア連邦《れんぽう》**で，**カナダ**，**アメリカ**，中国，ブラジルがそれに続きます。

1位	ロシア連邦	1710万 km^2
2位	カナダ	999万 km^2
3位	アメリカ	983万 km^2
4位	中国	960万 km^2
5位	ブラジル	852万 km^2

(2018年)　(2020/21年版「世界国勢図会」)

▲面積が大きい国

寝る前にもう一度

- 最大のユーラシア大陸と太平洋。緯度は南北90度ずつ，経度は東西180度ずつ。
- 人口が多いのは中国とインド。面積最大はロシア連邦。

★今夜おぼえること

中1の復習

経度15度で1時間の時差。

日本（東経《とうけい》135度）とイギリスのロンドン（経度0度）との時差は，135(度)÷15(度)＝9(時間）で求められるよ。日本が正午のとき，ロンドンは午前3時なんだ。

中1の復習

国の領域は領土・領海・領空。排《はい》他《た》的《てき》経《けい》済《ざい》水域は200海里。

排他的経済水域内の水産資源や鉱産資源は，沿岸国に調査・開発する権利があるんだよ。

魚など

石油や天然ガスなど

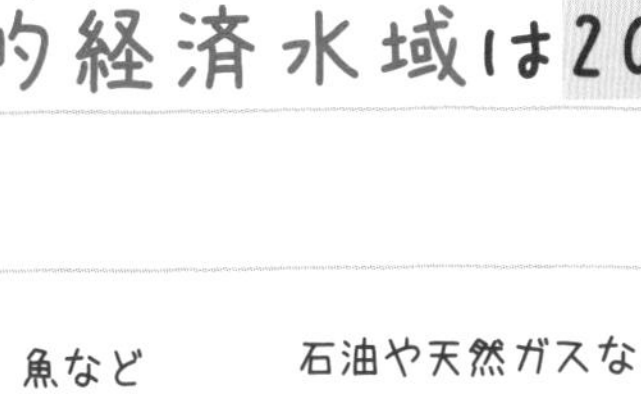

★今夜のおさらい

経度《けいど》15度で1時間の時差が生まれます。日本（東経《とうけい》135度）とアメリカのニューヨーク（西経《せいけい》75度）との時差は，まず経度差を135+75=210（度）で求め，次に210÷15=14（時間）を計算して，時差は14時間となります。

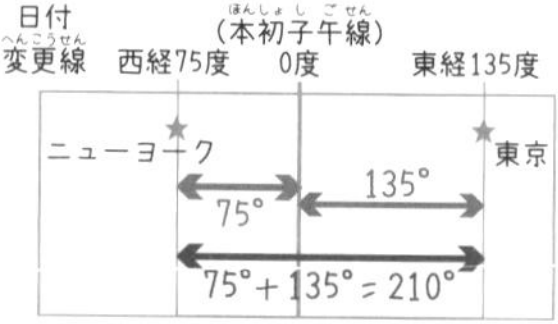

国の主権がおよぶ領域は領土，領海，領空からなります。また，各国は200海里の排他的経《はいたてきけい》済《ざい》水域を設定していて，島国の日本はこの水域の面積が国土面積の10倍以上もあります。

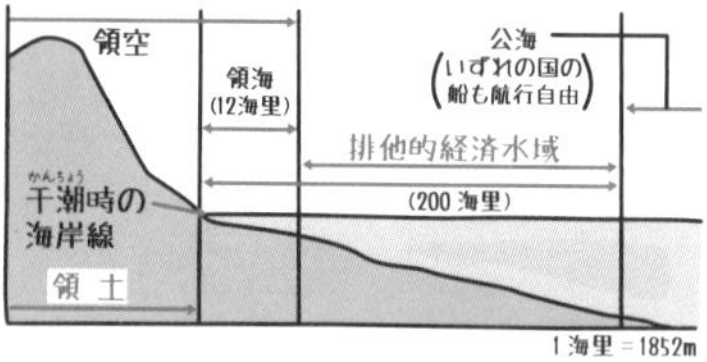

▲領土・領海・領空の範囲《はんい》

寝る前にもう一度

- 経度15度で1時間の時差。
- 国の領域は領土・領海・領空。排他的経済水域は200海里。

★今夜おぼえること

中1の復習

中国は経済特区《けいざいとっく》を設けて，「世界の工場」に。ペルシア湾岸《わんがん》は石油の大産地。(ペルシャ)

西アジアのペルシア湾岸（ペルシャ）は，世界有数の石油の産地。周辺の国から，日本へ多くの石油が輸出されているよ。

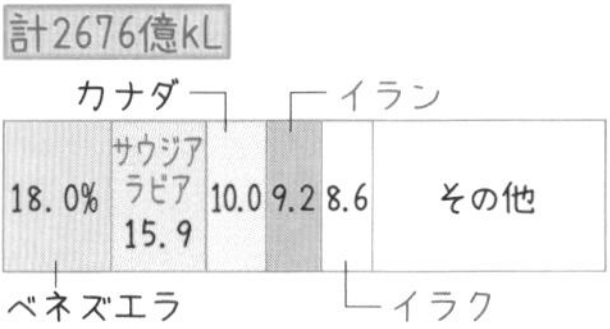

（2019年）　（2020/21年版「世界国勢図会」）

▲原油の埋蔵量《まいぞうりょう》の国別割合

中1の復習

EUの多くでユーロ導入《どうにゅう》。農業は混合《こんごう》農業や地中海《ちちゅうかい》式農業。

地中海式農業は乾《かん》燥《そう》する夏にぶどう，雨が多い冬に小麦などを栽培《さいばい》する農業だよ。

社会

★今夜のおさらい

中国の人口の約9割は漢《かん》族（漢民族）です。経済特区《けいざいとっく》を設けるなどして，急速に工業・経済が発展し，「世界の工場」と呼ばれています。ペルシア湾岸《わんがん》は，世界有数の石油の産地です。

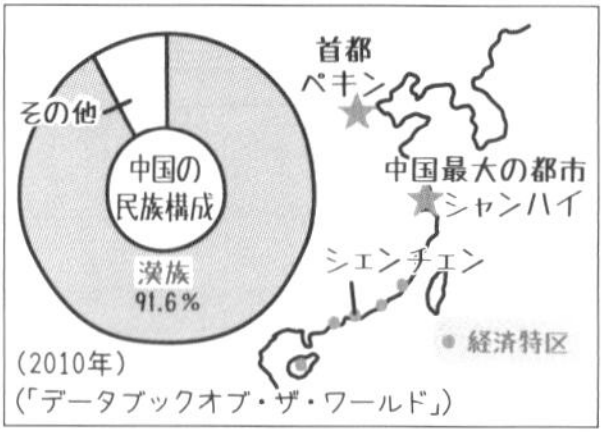

▲中国の民族構成と経済特区

EU（ヨーロッパ連合）は，関税《かんぜい》を撤廃《てっぱい》し，多くの国で共通通貨のユーロを導入《どうにゅう》しています。農業は混合《こんごう》農業や地中海《ちちゅうかい》式農業がさかんです。

▲EU加盟国とユーロ導入国

寝る前にもう一度

- 中国は経済特区を設けて，「世界の工場」に。ペルシア湾岸は石油の大産地。
- EUの多くでユーロ導入。農業は混合農業や地中海式農業。

4. 地理：南北アメリカ州

□　月　日
□　月　日

★今夜おぼえること

中1の復習

アメリカの民族はヒスパニックが増加。工業はサンベルト，シリコンバレー。

ヒスパニック
スペイン語を話すメキシコなどからの移民

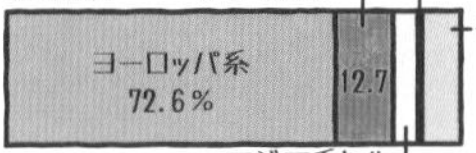

※総人口のうち，17.8%がヒスパニック

▲アメリカ合衆国《がっしゅうこく》の人口構成

中1の復習

流域面積世界一のアマゾン川流域で，熱帯林《ねったいりん》が減少。

大規模《だいきぼ》な農地や鉱山の開発のために熱帯林(熱帯雨林）が伐採《ばっさい》され，問題になっているよ。

熱帯林の伐採

アマゾン川

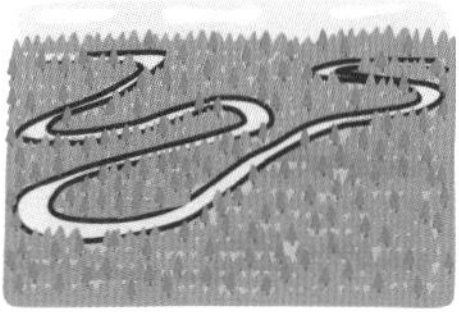

★今夜のおさらい

アメリカでは，ヒスパニックの人口が増えています。

工業は北緯《ほくい》37度以南のサンベルトやサンフランシスコ近郊《きんこう》のシリコンバレーでさかんです。

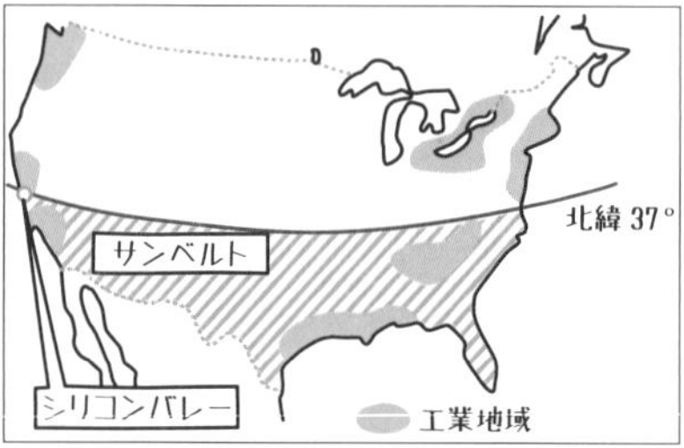

▲アメリカの主な工業地域

南アメリカ州には，アンデス山脈が連なり流域面積世界一のアマゾン川が流れています。アマゾン川流域では，熱帯林《ねったいりん》（熱帯雨林）の減少が環境《かんきょう》問題となっています。

▲南アメリカ州の主な地形

寝る前にもう一度

- アメリカの民族はヒスパニックが増加。工業はサンベルト，シリコンバレー。
- 流域面積世界一のアマゾン川流域で，熱帯林が減少。

★今夜おぼえること

中1の復習

ギニア湾岸《わんがん》でカカオ。アフリカ各地でレアメタル。

カカオは，チョコレートの原料だよ。プランテーションでつくられるんだ。

中1の復習

ゴロ合わせ　オーストラリアの鉱産資源

鉄製（西部）の短（石炭）刀（東部）。

オーストラリアの西部で鉄鉱石《てっこうせき》，東部で石炭の産出がさかん。どちらも日本へ多く輸出されているんだ。地表を直接削《けず》る露天掘《ろてんぼ》りによる採掘《さいくつ》が行われているよ。

★今夜のおさらい

ギニア湾岸《わんがん》のプランテーションでカカオの栽培《さいばい》がさかんです。アフリカ各地で、金やダイヤモンドのほか、携帯《けいたい》電話などの部品に使われるコバルトなどのレアメタル（希少《きしょう》金属）が産出します。

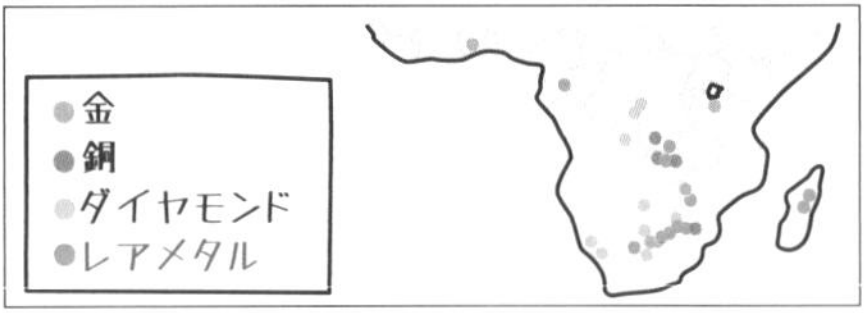

▲アフリカ南部の鉱産資源

オーストラリアは鉱産資源が豊富で、西部で鉄鉱石《てっこうせき》、東部で石炭の産出がさかんです。日本へも多く輸出されています。

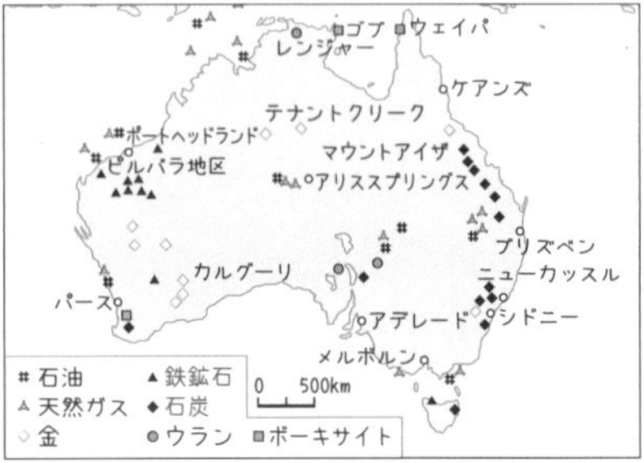

▲オーストラリアの鉱産資源

寝る前にもう一度

ギニア湾岸でカカオ。アフリカ各地でレアメタル。

鉄製（西部）の短（石炭）刀（東部）。

★今夜おぼえること

中2の復習

実際の距《きょ》離《り》＝地図上の長さ×縮尺《しゅくしゃく》の分母。

2万5千分の1の縮尺の地形図上で，2cmの長さの実際の距離は，2(cm)×25000＝50000(cm)＝500(m)となるよ。

日本の人口ピラミッドは，富《ふ》士《じ》山《さん》型《がた》→つりがね型→つぼ型と変化。

人口ピラミッドは，人口を年齢《ねんれい》・男女別に分けて表したものだよ。

★今夜のおさらい

✪地形図に示される縮尺《しゅくしゃく》は，実際の距離《きょり》を地図上に縮《ちぢ》めた割合です。実際の距離は地図上の長さに縮尺の分母をかけて求めます。

☽日本の人口ピラミッドは，子どもの割合が高い富士山《ふじさん》型《がた》からつりがね型に変化し，現在はつぼ型となっています。これは子どもの数が減り，人口に占《し》める高齢者《こうれいしゃ》の割合が増えて，少子高齢化が進んだからです。

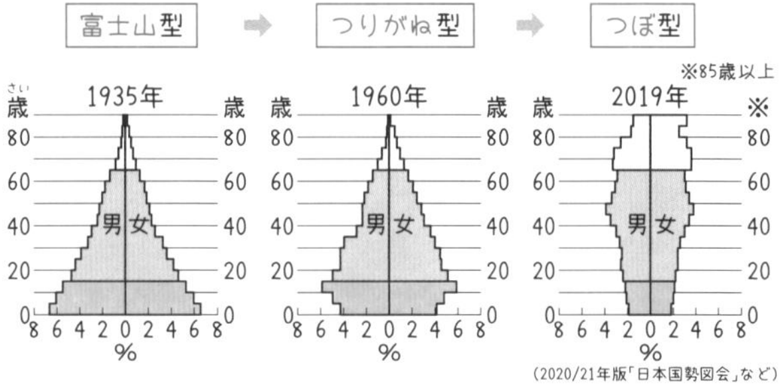

▲日本の人口ピラミッドの変化

寝る前にもう一度

✪実際の距離＝地図上の長さ×縮尺の分母。

☽日本の人口ピラミッドは，富士山型→つりがね型→つぼ型と変化。

★今夜おぼえること

中2の復習

⭐ 工業の中心は太平洋《たいへいよう》ベルト。現地生産で産業の空洞化《くうどうか》。

外国で生産するほうが費用が安いため現地生産が進み，国内の産業の空洞化が問題となっています。

中2の復習

🌙 阿蘇山《あそさん》にカルデラ。シラス台地で畜産《ちくさん》。鉄鋼業から北九《きたきゅう》州《しゅう》工業地域(地帯)が発達。

北九州工業地域（地帯）は，現在の北九州市に八幡《やはた》製鉄所が建設されたことで，鉄鋼業を中心に発達したよ。

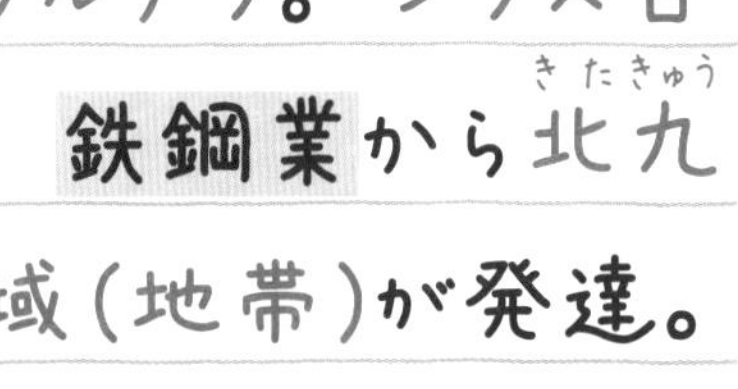

★今夜のおさらい

工業は太平洋《たいへいよう》ベルトでさかんです。日本は加工貿易で発展してきましたが、貿易摩擦《まさつ》が起こり、現地生産が進んだことなどから、産業の空《くう》洞化《どうか》が問題となっています。

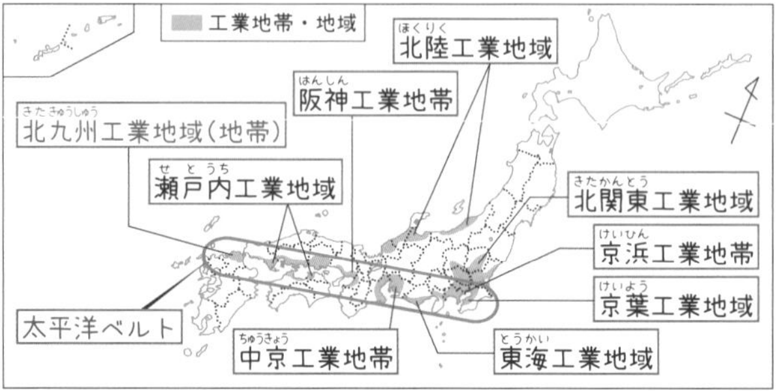

▲日本の主な工業地帯・地域

阿蘇山《あそさん》には世界最大級のカルデラがあります。シラス台地では、肉牛や豚《ぶた》、肉用にわとりを飼育する畜産《ちくさん》がさかんです。鉄鋼業から北九州《きたきゅうしゅう》工業地域(地帯)が発達しました。

寝る前にもう一度

- 工業の中心は太平洋ベルト。現地生産で産業の空洞化。
- 阿蘇山にカルデラ。シラス台地で畜産。鉄鋼業から北九州工業地域(地帯)が発達。

★今夜おぼえること

中2の復習

高知平野で野菜の促成栽培《そくせいさいばい》。

本州《ほんしゅう》四国《しこく》連絡橋《れんらくきょう》でつながる。

促成栽培

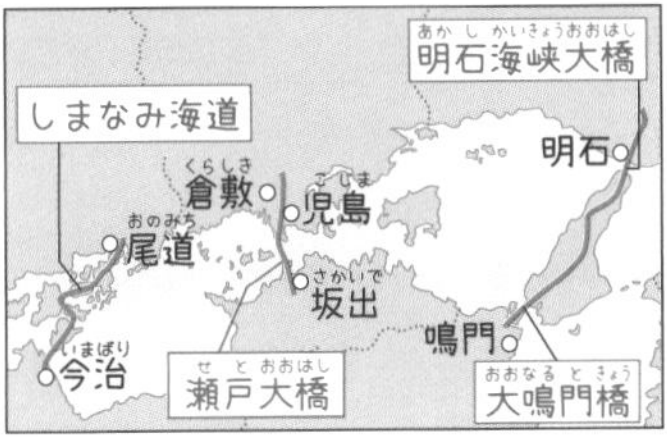

中2の復習

紀伊《きい》山地で林業がさかん。

阪神《はんしん》工業地帯に中小企業。

紀伊山地は古くから林業がさかんで，吉野《よしの》すぎや尾鷲《おわせ》ひのきが有名だよ。だけど，あとつぎ不足などが課題。

社会

★今夜のおさらい

高知平野では冬でも温暖な気候をいかした，ピーマンやなすなどの野菜の促成栽培《そくせいさいばい》がさかんです。本州《ほんしゅう》と四国《しこく》は，瀬戸大橋《せとおおはし》などの本州四国連《ほんしゅうしこくれん》絡橋《らくきょう》でつながっています。

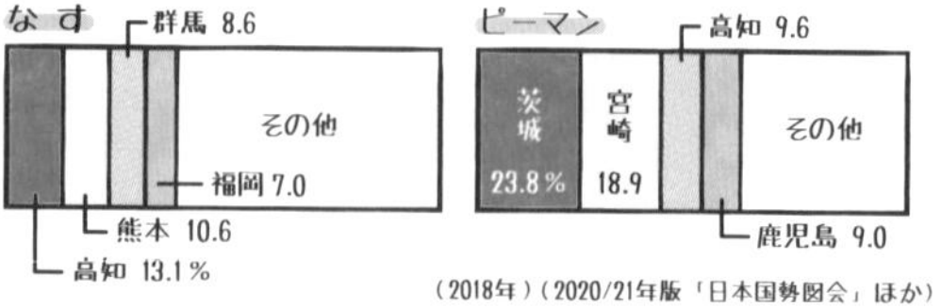

（2018年）（2020/21年版「日本国勢図会」ほか）

▲なすとピーマンの生産量の都道府県別割合

降水量が多く木の生育に適した紀伊《きい》山地では，古くから林業がさかんです。大阪湾《わん》沿岸を中心に阪神《はんしん》工業地帯が発達し，内陸部には金属製品などをつくる中小企業《きぎょう》の町工場が多くあります。

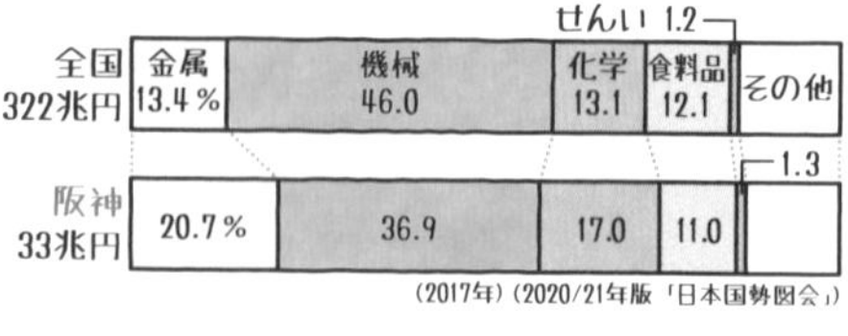

（2017年）（2020/21年版「日本国勢図会」）

▲全国と阪神工業地帯の工業生産額の割合

寝る前にもう一度

- 高知平野で野菜の促成栽培。本州四国連絡橋でつながる。
- 紀伊山地で林業がさかん。阪神工業地帯に中小企業。

★今夜おぼえること

中2の復習

甲《こう》府《ふ》盆《ぼん》地《ち》はぶどう・もも，牧《まき》ノ《の》原《はら》は茶の日本一の産地。

中京《ちゅうきょう》工業地帯で自動車。

中2の復習

首都・東京の周辺で近郊《きんこう》農業。

京浜《けいひん》工業地帯で印刷業。

茨城県や千葉県では，大都市向けに野菜や花などを生産する近郊農業がさかんだよ。

社会

★今夜のおさらい

山梨県の甲府盆地《こうふぼんち》は ぶどう ・ もも ，静岡県の牧ノ原《まきのはら》は 茶 の日本一の産地です。 中京《ちゅうきょう》工業地帯 で自動車，東海《とうかい》工業地域で楽器やオートバイの生産がさかんです。

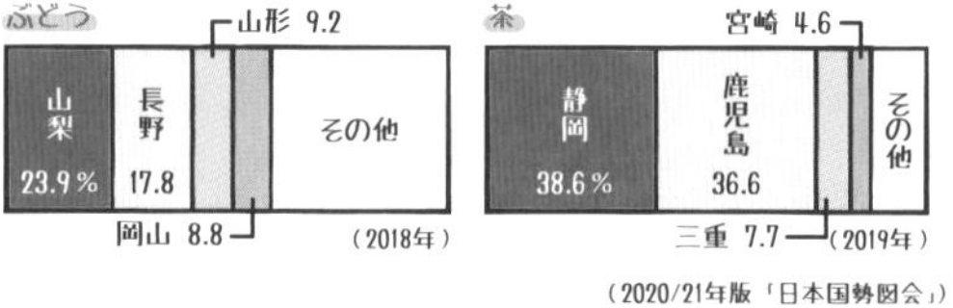

▲ぶどうと茶の生産量の都道府県別割合

東京は日本の 首都 で国の中枢《ちゅうすう》機能が集中し，政治や経済《けいざい》の中心地となっています。周辺では 近郊《きんこう》農業 がさかんです。東京・神奈川・埼玉にまたがる京浜《けいひん》工業地帯では，機械工業や 印刷業 がさかんです。

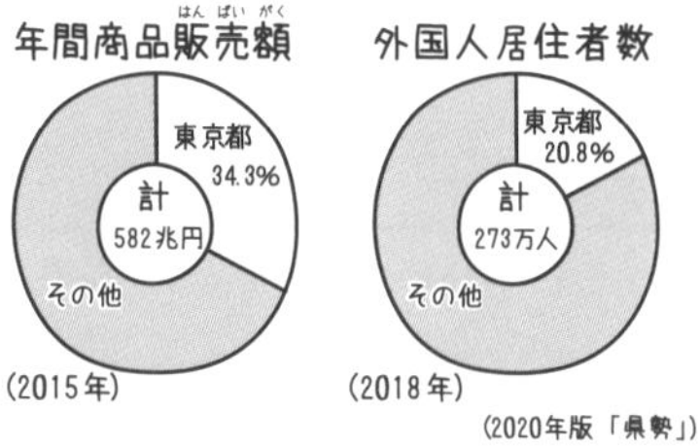

▲東京都への集中

寝る前にもう一度

- 甲府盆地はぶどう・もも，牧ノ原は茶の日本一の産地。中京工業地帯で自動車。
- 首都・東京の周辺で近郊農業。京浜工業地帯で印刷業。

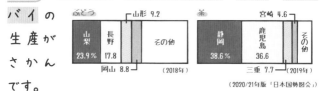

10. 地理：東北《とうほく》地方，北海道《ほっかいどう》地方

□　月　日
□　月　日

★今夜おぼえること

中2の復習

やませで冷害《れいがい》。青森のりんご，山形のさくらんぼ。

東北地方の太平洋側《たいへいようがわ》は，夏に冷たい北東風のやませが吹《ふ》くと気温が上がらず，稲《いね》などが育たない冷害が起こることがあるんだ。

中2の復習

石狩平野《いしかり》で稲作《いなさく》，十勝《とかち》平野で畑作，根釧《こんせん》台地で酪《らく》農《のう》。先住民はアイヌの人々。

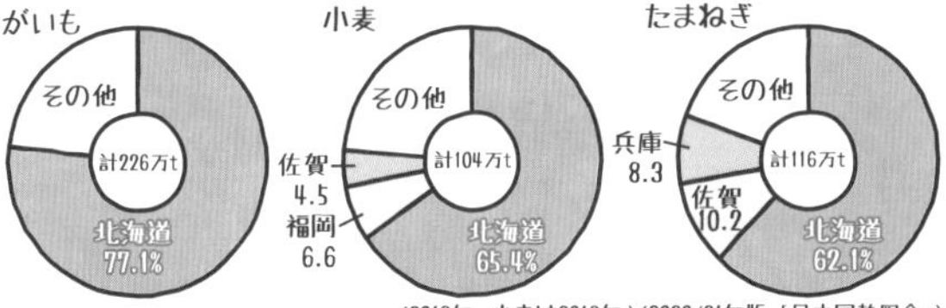

(2018年，小麦は2019年)(2020/21年版「日本国勢図会」)

▲北海道で栽培《さいばい》がさかんな農作物の生産量の都道府県別割合

★今夜のおさらい

東北《とうほく》地方ではやませが吹《ふ》くと冷害《れいがい》となることがあります。青森県の津軽《つがる》平野でりんご，山形県の山形盆地《ぼんち》でさくらんぼの栽培《さいばい》がさかんです。

北海道では石狩《いしかり》平野や上川《かみかわ》盆地で稲作《いなさく》，十勝《とかち》平野で畑作，根釧《こんせん》台地で酪農《らくのう》がさかんです。先住民のアイヌの人々の文化を保護《ほご》する動きが強まっています。

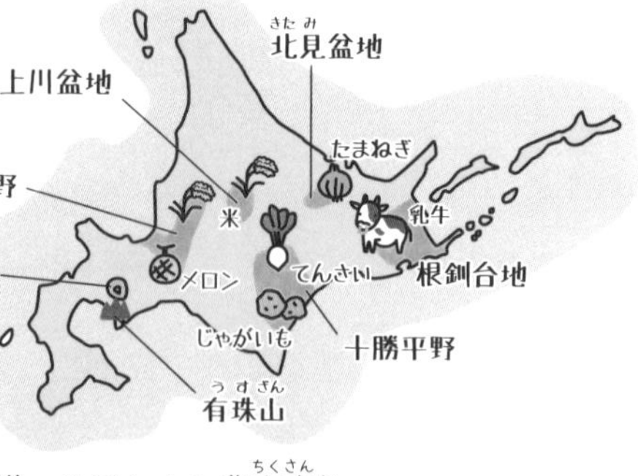

▲北海道の地形と主な農畜産物《ちくさん》

寝る前にもう一度

- やませで冷害。青森のりんご，山形のさくらんぼ。
- 石狩平野で稲作，十勝平野で畑作，根釧台地で酪農。先住民はアイヌの人々。

★今夜おぼえること

中1の復習

メソポタミアではくさび形文字，中国では甲骨《こうこつ》文字。

古代文明で使われた文字

エジプトの象形《しょうけい》文字　メソポタミアのくさび形文字　中国の甲骨文字

中1の復習

縄文《じょうもん》時代に土偶《どぐう》，弥生《やよい》時代には青銅器や鉄器を使用。

土偶

銅鐸《どうたく》

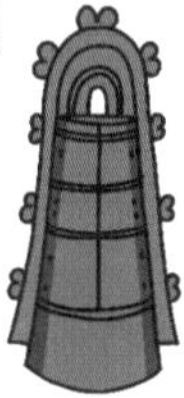

銅剣《どうけん》

社会

★今夜のおさらい

🌟チグリス川・ユーフラテス川流域でおこったメソポタミア文明ではくさび形文字が，中国の黄河《こうが》《ホワンホー》・長江《ちょうこう》《チャンチアン》流域でおこった中国文明では甲骨《こうこつ》文字が使われました。また，エジプト文明では象形《しょうけい》文字（神聖《しんせい》文字）が使われました。

🌙縄文《じょうもん》時代には祈《いの》りのために土偶《どぐう》という人形がつくられ，弥生《やよい》時代には銅剣《どうけん》などの青銅器や鉄器が大陸から伝わりました。

縄文土器　　弥生土器

寝る前にもう一度

- 🌟メソポタミアではくさび形文字，中国では甲骨文字。
- 🌙縄文時代に土偶，弥生時代には青銅器や鉄器を使用。

12. 歴史：古代国家の歩み

□　月　日
□　月　日

★今夜おぼえること

中1の復習

★★聖徳太子《しょうとくたいし》は法隆寺《ほうりゅうじ》を，聖武《しょうむ》天皇は東大寺《とうだいじ》を建てた。

聖徳太子（厩戸皇《うまやどのおう》子《じ》，厩戸王《うまやとおう》）のころや聖武天皇のころは仏教文化が栄えたよ。

社会

中1の復習

☽平安《へいあん》時代の政治は，摂関《せっかん》政治→院政《いんせい》の開始→平氏《へいし》の政治の順。

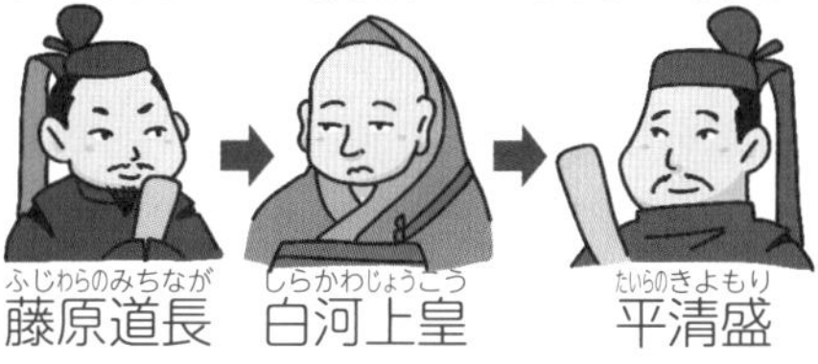

★今夜のおさらい

聖徳太子《しょうとくたいし》(厩戸皇子《うまやどのおうじ》，厩戸王《うまやとおう》)が法隆寺《ほうりゅうじ》を建てたころ栄えた文化を飛鳥《あすか》文化といいます。また，奈良《なら》時代，東大寺《とうだいじ》を建てて大仏《だいぶつ》をつくらせた聖武《しょうむ》天皇のころ栄えた文化を，天平《てんぴょう》文化といいます。

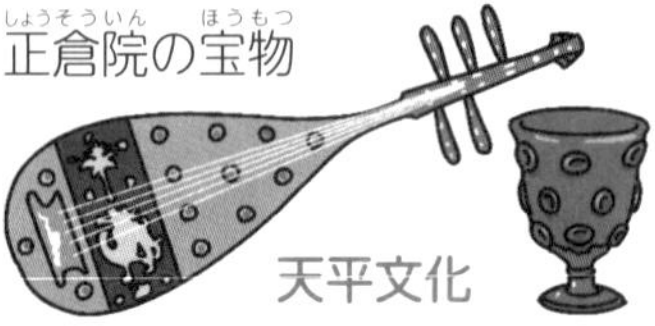

平安《へいあん》時代，藤原《ふじわら》氏が代々，摂政《せっしょう》・関白《かんぱく》の地位について行った政治を摂関《せっかん》政治といいます。藤原氏が衰《おとろ》えたころ白河上皇《しらかわじょうこう》が院政《いんせい》を始め，その後，平清盛《たいらのきよもり》が政治の実権を握《にぎ》りました。

この世をば　わが世とぞ思う
望月《もちづき》の　欠けたることも
なしと思えば

寝る前にもう一度

- 聖徳太子は法隆寺を，聖武天皇は東大寺を建てた。
- 平安時代の政治は，摂関政治→院政の開始→平氏の政治の順。

★今夜おぼえること

中1の復習

鎌倉幕府《かまくらばくふ》は承久《じょうきゅう》の乱《らん》後に支配を強め、元寇《げんこう》後に衰《おとろ》えた。

中1の復習

室町《むろまち》時代、足利義満《あしかがよしみつ》は勘《かん》合《ごう》貿易（日明《にちみん》貿易）を始め、足利義政《よしまさ》は銀閣《ぎんかく》を建てた。

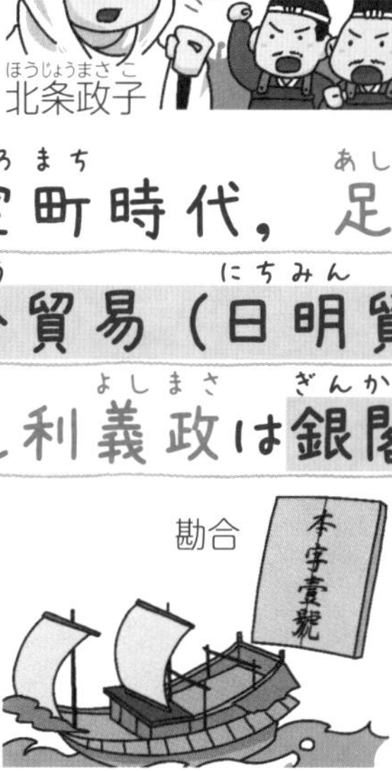

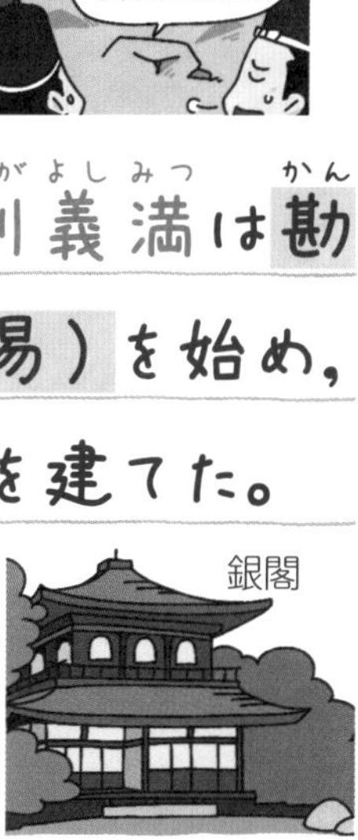

★今夜のおさらい

鎌倉《かまくら》時代初め，後鳥羽上皇《ごとばじょうこう》が政権を取り戻《もど》そうと承久《じょうきゅう》の乱《らん》を起こしました。幕府《ばくふ》はこれを破り，全国支配を固めました。また，13世紀後半の元軍の襲《しゅう》来《らい》（元寇《げんこう》（蒙古《もうこ》襲来））ののち御《ご》家人《けにん》の不満が高まり，幕府は衰《おとろ》えました。

年	1192	1221	1232	1274・81	1333
できごと	源頼《みなもとのより》朝《とも》が征《せい》夷《い》大将軍《たいしょうぐん》になる	承久の乱が起こる	御《ご》成《せい》敗《ばい》式《しき》目《もく》を制定《せいてい》	元寇（蒙古襲来）	鎌倉幕府滅亡《めつぼう》

室町《むろまち》時代，3代将軍足利義満《あしかがよしみつ》は明《みん》（中国）と貿易を始めました。この貿易は勘合《かんごう》という証明書を使ったので勘合貿易といいます。また8代将軍足利義政《よしまさ》のころには，銀閣《ぎんかく》に代表される質素《しっそ》で落ち着いた文化が栄えました。

私のころ栄えた文化を東山文化というぞ。
足利義政

寝る前にもう一度

- 鎌倉幕府は承久の乱後に支配を強め，元寇後に衰えた。
- 室町時代，足利義満は勘合貿易（日明貿易）を始め，足利義政は銀閣を建てた。

14. 歴史：全国統一と江戸幕府の成立

□　月　日
□　月　日

★今夜おぼえること

中2の復習

全国統一は，織田信長《おだのぶなが》のあとをついだ豊臣秀吉《とよとみひでよし》が完成。

本能寺《ほんのうじ》の変
無念じゃ。
信長様のあとは私がつぐ！
豊臣秀吉
織田信長

中2の復習

徳川家康《とくがわいえやす》が開いた江戸幕府《えどばくふ》は，徳川家光《いえみつ》のころ整った。

徳川家康は1603年に江戸幕府を開いたんだ。幕府が全国の大名を統制するしくみは3代将軍家光のころまでに整えられたよ。

大名に守らせるきまりを定めたぞ。
武家諸法度《ぶけしょはっと》

社会

★今夜のおさらい

戦国《せんごく》時代，織田信長《おだのぶなが》は全国統一を目指し，楽市《らくいち》・楽座《らくざ》などの政策を行いました。信長の死後，あとをついだ豊臣秀吉《とよとみひでよし》は，太閤検地《たいこうけんち》や刀《かたな》狩《がり》を行って全国の土地と百姓《ひゃくしょう》を支配しました。

楽市・楽座
誰《だれ》でも自由に
営業してよい。
刀狩
すべての
武器を
差し出せ。

江戸幕府《えどばくふ》を開いた徳川家康《とくがわいえやす》の孫の徳川家光《いえみつ》は，武家諸法度《ぶけしょはっと》で参勤交代《さんきんこうたい》の制度を定め，大名支配を固めました。

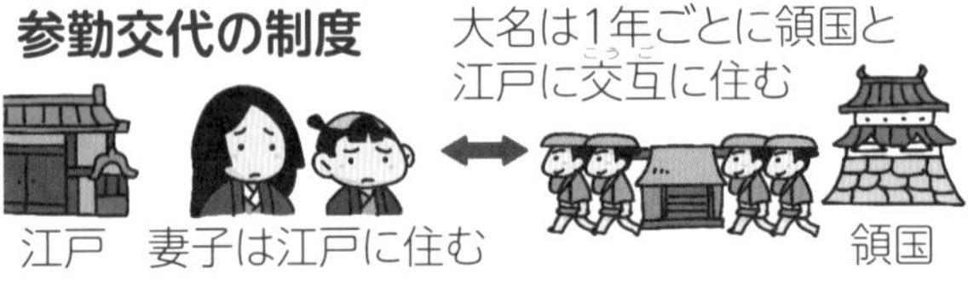

参勤交代の制度
大名は1年ごとに領国と
江戸に交互《こうご》に住む

妻子は江戸に住む
領国

寝る前にもう一度

- 全国統一は，織田信長のあとをついだ豊臣秀吉が完成。
- 徳川家康が開いた江戸幕府は，徳川家光のころ整った。

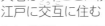

15. 歴史：産業の発達と幕府政治の動き

□ 月 日
□ 月 日

★今夜おぼえること

中2の復習

商業の中心地大阪で元禄《げんろく》文化，江戸《えど》で化政《かせい》文化が発達。

大阪は「天下の台所」といわれた商業の中心地で，早くから町人文化が発達したよ。

このころは
われわれ町人が
成長したんだ。

中2の復習

ゴロ合わせ 享保の改革

競歩（享保《きょうほう》の改革）は9時（公《く》事《じ》方《かた》御《お》定書《さだめがき》）に出発。

徳川吉宗《とくがわよしむね》による政治改革を享保の改革というよ。このとき公事方御定書が定められたんだ。

公正な裁判を
行うための法律じゃ。
公事方御定書

★今夜のおさらい

江戸《えど》時代，17世紀末～18世紀初めの上方《かみがた》（大阪や京都）を中心に元禄《げんろく》文化が栄え，19世紀初めごろには，江戸を中心に化政《かせい》文化が栄えました。

◇元禄文化のころ文芸で活躍《かつやく》した人
井原西鶴《いはらさいかく》，松尾芭蕉《まつおばしょう》，近松門左衛門《ちかまつもんざえもん》
◇化政文化のころ浮世絵《うきよえ》で活躍した人
喜多川歌麿《きたがわうたまろ》，葛飾北斎《かつしかほくさい》，歌川《うたがわ》（安藤《あんどう》）広重《ひろしげ》

江戸時代，徳川吉宗《とくがわよしむね》は裁判の基準となる公《く》事方御定書《じかたおさだめがき》を定めたほか，民衆の意見を聞くために目安箱《めやすばこ》を設けるなどの享保《きょうほう》の改革を行いました。

江戸時代の三大幕政改革

改革名	時期	行った人物
享保の改革	1716～45年	徳川吉宗
寛政《かんせい》の改革	1787～93年	松平定信《まつだいらさだのぶ》
天保《てんぽう》の改革	1841～43年	水野忠邦《みずのただくに》

寝る前にもう一度

商業の中心地大阪で元禄文化，江戸で化政文化が発達。
競歩（享保の改革）は9時（公事方御定書）に出発。

16. 歴史：ヨーロッパの近代化と開国

□　月　日
□　月　日

★今夜おぼえること

中2の復習

アメリカ独立戦争で「独立宣言」，**フランス革命**で「人権宣言」。

アメリカ独立戦争
イギリス本国のやり方は許せない！
フランス革命
われわれに自由と平等を！

中2の復習

日米《にちべい》和親《わしん》条約→日米修好通《しゅうこうつう》商《しょう》条約の順で日本は開国。

開国を要求する！
ペリー
やむをえん。
下田《しもだ》と函館《はこだて》の港を開こう。
幕府《ばくふ》

★今夜のおさらい

1775年，アメリカはイギリスとの間で独立戦争を始め，翌年《よくねん》，「独立宣言」を発表しました。

また，1789年に起こったフランス革命では，自由・平等などを主張する「人権宣言」が発表されました。

人権宣言（一部要約）

第１条　人は生まれながらに，自由で平等な権利をもつ。

第３条　主権の源《みなもと》は，もともと国民の中にある。

1853年，アメリカの東インド艦隊《かんたい》司令長官ペリーが来航し，日本に開国を求めました。翌年，幕府《ばくふ》は日米和親条約《にちべいわしんじょうやく》を結び，さらに1858年には日米修好通商条約《しゅうこうつうしょうじょうやく》を結んで正式な貿易を始めました。

２つの条約で開港した港

◇日米和親条約…下田《しもだ》，函館《はこだて》

◇日米修好通商条約…函館，新潟，神奈川（横浜《よこはま》），兵庫（神戸《こうべ》），長崎（下田は閉鎖《へいさ》）

寝る前にもう一度

- アメリカ独立戦争で「独立宣言」，フランス革命で「人権宣言」。
- 日米和親条約→日米修好通商条約の順で日本は開国。

★今夜おぼえること

中2の復習

明治《めいじ》政府は地租《ちそ》改正を行い、現金で地租を納めさせた。

江戸《えど》時代は → 地租改正後は

主に米で年貢《ねんぐ》を納めた

現金で地租を納めた

中2の復習

板垣退助《いたがきたいすけ》は自由民権運動を進め、伊藤博文《いとうひろぶみ》は大日本帝国《ていこく》憲法の草案をつくった。

国民を政治に参加させよ！
板垣退助

ドイツに学んで憲法をつくろう。
伊藤博文

★今夜のおさらい

1873年，富国強兵《ふこくきょうへい》の一環《いっかん》として地租《ちそ》改正を行い，土地所有者に地価の３％を現金で納めさせるようにしました。これによって，政府の財政収入が安定しました。

国力を高め，
強い軍隊を
つくる政策が
富国強兵じゃ。

地租改正
徴兵令《ちょうへいれい》
学制公布

1874年，板垣退助《いたがきたいすけ》らが民撰議院設立《みんせんぎいんせつりつ》（の）建白書《けんぱくしょ》を出したことをきっかけに，国会開設などを求める自由民権運動が始まりました。いっぽう，伊藤博文《いとうひろぶみ》はこの運動を抑《おさ》えるとともに，ドイツ（プロイセン）の憲法などを学んで大日本帝国《ていこく》憲法の草案をつくりました。

寝る前にもう一度

- 明治政府は地租改正を行い，現金で地租を納めさせた。
- 板垣退助は自由民権運動を進め，伊藤博文は大日本帝国憲法の草案をつくった。

□　月　日
□　月　日

★今夜おぼえること

中2の復習

ゴロ合わせ　第一次世界大戦始まる

行《1》く《9》人《1》死《4》（1914年）んだ第一次世界大戦。

第一次世界大戦は1914年に始まり，世界中を巻き込《こ》んで多くの犠牲者《ぎせいしゃ》を出したよ。

中2の復習

普通《ふつう》選挙法で満25歳《さい》以上のすべての男子に選挙権。

1925年，日本の選挙制度が変わり，選挙権にそれまでの納税額による制限がなくなったんだ。

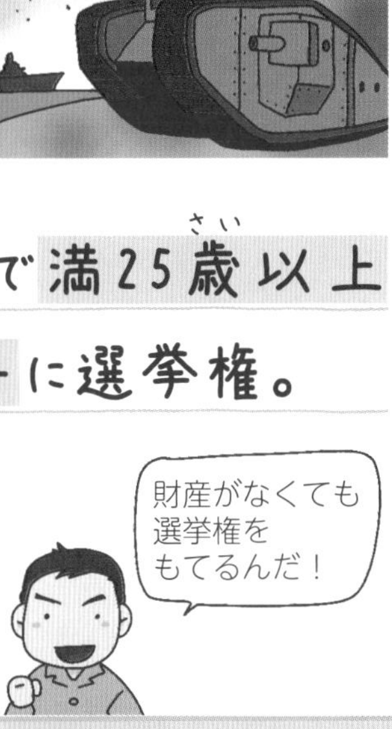
財産がなくても選挙権をもてるんだ！

★今夜のおさらい

1914年，バルカン半島で起こったオーストリア皇位継承者《けいしょうしゃ》夫妻《ふさい》暗殺事件をきっかけに，ドイツ中心の同盟国と，イギリス中心の連合国との間で第一次世界大戦が始まりました。

同盟国側が敗れ，
1919年にベルサイユ
条約が結ばれたよ。

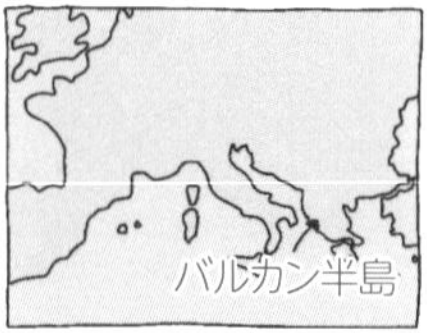

大正《たいしょう》時代，普通《ふつう》選挙を求める運動が高まりました。そして1925年，納税額に関わりなく満25歳《さい》以上のすべての男子に選挙権を与《あた》える普通選挙法が成立しました。

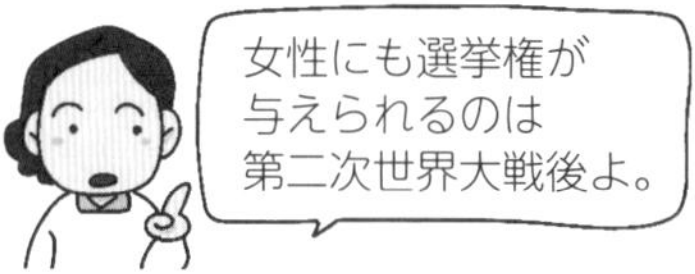

寝る前にもう一度

- 行く人死（1914年）んだ第一次世界大戦。
- 普通選挙法で満25歳以上のすべての男子に選挙権。

★今夜おぼえること

中2の復習

★★★ ゴロ合わせ 日中戦争始まる

い《1》く《9》さ《3》長《7》（1937年）引く日中《にっちゅう》戦争。

1937年に始まった日本と中国との戦争は長く続いたんだ。

中2の復習

1945年，日本はポツダム宣言を受け入れて降伏《こうふく》した。

ポツダム宣言は，連合国が日本の降伏条件を示した宣言だよ。

★今夜のおさらい

1937年，日本と中国との間で**日中《にっちゅう》戦争**が始まりました。戦争は長引き，日本は**国家総動員法**を定めるなど戦時体制を固めました。さらに1941年には日本がアメリカ・イギリスに宣戦布告して**太平洋《たいへいよう》戦争**（アジア・太平洋戦争）が始まりました。

年	1931	1937	1939	1941	1945
できごと	満州《まんしゅう》事変 →	日中戦争 →	第二次世界大戦 →	太平洋戦争 →	戦争が終わる

1945年，連合国が発表したポツダム宣言を日本が受け入れて降伏《こうふく》し，1939年に始まった第二次世界大戦は終わりました。

日本が降伏を決定する直前に広島・長崎に原子爆弾《げんしばくだん》（原爆《げんばく》）が投下されて，多くの人が犠牲《ぎせい》になったよ。

寝る前にもう一度

- いくさ長（1937年）引く日中戦争。
- 1945年，日本はポツダム宣言を受け入れて降伏した。

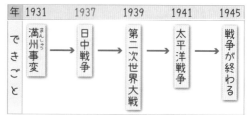

★今夜おぼえること

第二次世界大戦後の民主化

農地改革で多くの小作農が**自作農**に。

地主の農地を借りているんだ。
農地改革
自分の農地になったよ。
小作農
自作農

1951年，サンフランシスコ平和条約で日本は**独立回復**。

サンフランシスコ平和条約で，連合国軍の日本占領《せんりょう》が終わったんだ。

吉《よし》田《だ》茂《しげる》首相《しゅしょう》

社会

★今夜のおさらい

⭐第二次世界大戦後，農村では，地主の農地を政府が買い上げて小作人《こさくにん》に安く売り渡《わた》す農地改革が行われ，農村の民主化が進みました。また新しい憲法，日本国憲法も公布されました。

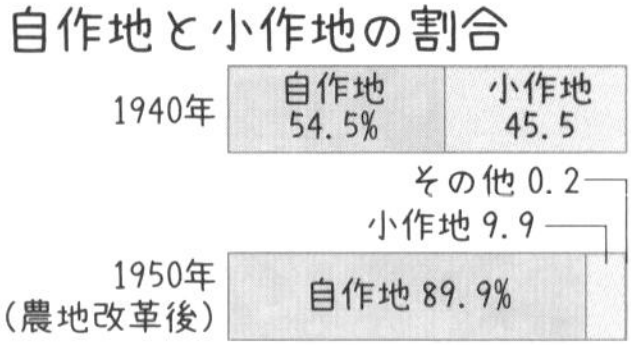

🌙1951年，サンフランシスコで講和会議が開かれ，日本は48か国《(アメリカ)》とサンフランシスコ平和条約を結びました。また，同時にアメリカと日米安全保障条約（日米安保《あんぽ》条約）も結びました。

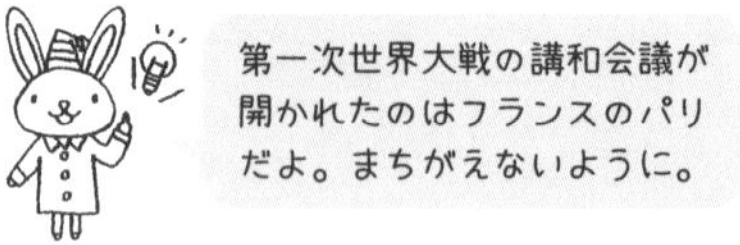

寝る前にもう一度

⭐農地改革で多くの小作農が自作農に。

🌙1951年，サンフランシスコ平和条約で日本は独立回復。

21. 公民：現代の社会と日本国憲法

□　月　日
□　月　日

★今夜おぼえること

少子高齢化《こうれいか》が進み，家族の形も核《かく》家族世帯が中心。

少子高齢化が進むと，社会保障費用などの財源が問題になるよ。

日本の社会保障制度▶

ゴロ合わせ　国民（国民主権）の基本（基本的人権の尊重）は，平和（平和主義）の尊重。

★今夜のおさらい

現在の日本は少子高齢化《こうれいか》が進み，核《かく》家族世帯が多いのが特徴《とくちょう》です。少子高齢化が進むと，社会保障費用が多くなり，国民一人あたりの経済的負担が重くなります。

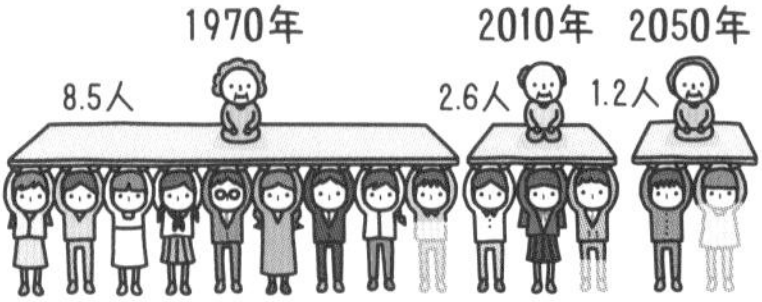

（厚生労働省資料）

▲高齢者一人の基礎《きそ》年金を支える現役世代の割合

日本国憲法が施行《しこう》されたのは，1947年の5月3日です（憲法記念日ですね）。その基本原理は，国民主権・基本的人権の尊重・平和主義の3つです。

第9条では，戦争の放棄《ほうき》・戦力の不保持・交戦権の否認を定めているよ！

寝る前にもう一度

- 少子高齢化が進み，家族の形も核家族世帯が中心。
- 国民（国民主権）の基本（基本的人権の尊重）は，平和（平和主義）の尊重。

★今夜おぼえること

自由権などの権利は，公共の福祉《ふくし》のために制限されることがある。

公共の福祉とは，社会全体の利益といった意味だよ。

社会権の基本は，憲法第25条の生存権。

社会

憲法第25条には，「すべて国民は，健康で文化的な最低限度の生活を営む権利を有する」とあるね。

人間らしい生活を送りたい。
自分の力ではどうしようもないんだ。
失業
わかりました。
社会保障制度を充実《じゅうじつ》させましょう。
貧困
病気

★今夜のおさらい

自由権で職業選択《せんたく》の自由があるといっても，特別な資格がなければ医師などになれないように，人権は公共の福祉《ふくし》のために制限されることがあります。

(例) 道幅《みちはば》が狭《せま》すぎて渋滞《じゅうたい》の多い道路

道を広げるので移転してください。
プップー
プー
プー
自分の土地だから，住む権利がある！

▲人権が制限される例

コレを
補償

個人の土地(財産)でも，正当な補償《ほしょう》のもと，公共のために用いられることもある。

社会権は人間らしい生活の保障を求める権利のことで，生存権のほかに教育を受ける権利，勤労《きんろう》の権利，労働基本権（労働三権）があります。

労働基本権は団結権，団体交《こう》渉《しょう》権，団体行動権（争議権）の３つの権利のことだよ。

寝る前にもう一度

- 自由権などの権利は，公共の福祉のために制限されることがある。
- 社会権の基本は，憲法第25条の生存権。

★今夜おぼえること

選挙制度には小選挙区制・大選挙区制・比例代表制などがある。

比例代表制は，各政党の得票数に応じて議席を配分する制度だね。

国会は国権《こっけん》の最高機関で，法律の制定（立法）を行う。

国の最高の意思決定機関。

法律を制定できるのは国会だけで，「唯一《ゆいいつ》の立法機関」とも呼ばれるよ。

★今夜のおさらい

1つの選挙区から1人の代表者を選ぶのが**小選挙区**制，各政党の得票数に応じて**議席を配分**するのが**比例代表**制です。

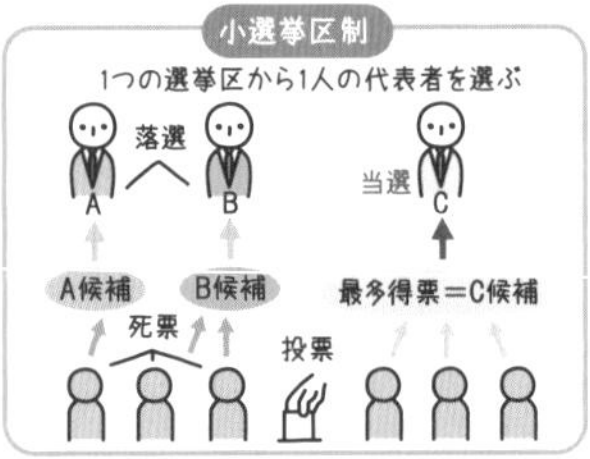

政権が安定するが，死票（落選者に投じられた票）が多く，少数意見が反映されにくいといわれる。

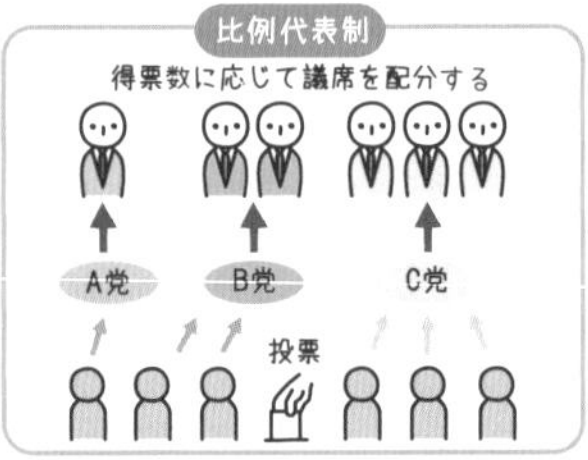

死票が少なく，国民のさまざまな意見が反映されるが，多くの政党が乱《らん》立《りつ》し，政権が不安定になりやすい。

国会は，**国権《こっけん》の最高機関**であり，**唯一《ゆいいつ》の立法機関**です。国会の主な仕事は，**法律の制定**（立法）のほかに，予算の審議《しんぎ》・議決，**内《ない》閣《かく》総理大臣の指名**などです。

寝る前にもう一度

- 選挙制度には小選挙区制・大選挙区制・比例代表制などがある。
- 国会は国権の最高機関で，法律の制定（立法）を行う。

□ 月 日
□ 月 日

★今夜おぼえること

議院内閣制により，内閣不信任案が可決されると，内閣総辞職か衆議院《しゅうぎいん》を解散。

内閣は国会の信任の上に成立しているからだよ。

裁判は民事と刑事《けいじ》。裁判員制度で，国民は裁判員として刑事裁判に参加。

民事裁判は個人や企業《きぎょう》間の争い，刑事裁判は犯罪行為《こうい》についての裁判だよ。

★今夜のおさらい

議院内閣制により，内閣は国会の信任の上に成立しているので，衆議院《しゅうぎいん》で内閣不信任案が可決されると，内閣は総辞職するか，10日以内に衆議院を解散します。

裁判には民事裁判と刑事《けいじ》裁判があり，国民は裁判員制度によって刑事裁判の第一審《だいいっしん》に参加します。

裁判員が参加▶
する刑事裁判
の法廷《ほうてい》の様子

寝る前にもう一度

議院内閣制により，内閣不信任案が可決されると，内閣総辞職か衆議院を解散。

裁判は民事と刑事。裁判員制度で，国民は裁判員として刑事裁判に参加。

★今夜おぼえること

⚝条例の制定・改廃《かいはい》の請求《せいきゅう》は，直接請求権の１つ。

条例は，地方議会が法律の範囲《はんい》内で定める独自の法で，その地方公共団体にだけ適用されるよ。

☽均衡《きんこう》価格は需要《じゅよう》量と供給量が一致《いっち》するところで決まる。

消費者が買おうとする量が需要量，生産者が売ろうとする量が供給量だよ。

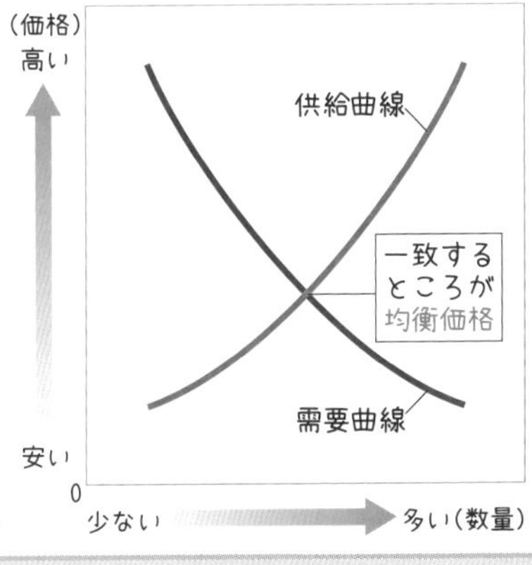

需要・供給・価格の関係▶

★今夜のおさらい

条例は地方議会が制定する独自の法で，直接請求《せいきゅう》権により住民はその制定・改廃《かいはい》を求めることができます。

<table>
<tr><th colspan="2">直接請求</th><th>必要な署名</th><th>請求先</th></tr>
<tr><td colspan="2">条例の制定・改廃の請求</td><td rowspan="2">有権者の50分の1以上</td><td>首長</td></tr>
<tr><td colspan="2">監査請求</td><td>監査委員</td></tr>
<tr><td rowspan="2">解職請求</td><td>首長・議員</td><td rowspan="3">有権者の3分の1以上</td><td>選挙管理委員会</td></tr>
<tr><td>主要な職員</td><td>首長</td></tr>
<tr><td colspan="2">議会の解散請求</td><td>選挙管理委員会</td></tr>
</table>

直接請求権の種類▶

価格は変動しますが，最終的には需要《じゅよう》量と供給量が一致《いっち》する均衡《きんこう》価格で落ち着きます。

価格には，市場で決まる価格のほかに，国や地方公共団体が決めたり認可《にんか》したりする公共料金があるよ。

寝る前にもう一度

- 条例の制定・改廃の請求は，直接請求権の１つ。
- 均衡価格は需要量と供給量が一致するところで決まる。

26. 公民：生産のしくみと経済

□ 月 日
□ 月 日

★今夜おぼえること

株式《かぶしき》会社の株主は，利潤《りじゅん》（利益）の一部を配当として受け取る。

株式会社は，株式を発行して，多くの人から資金を集めてつくられた会社だよ。

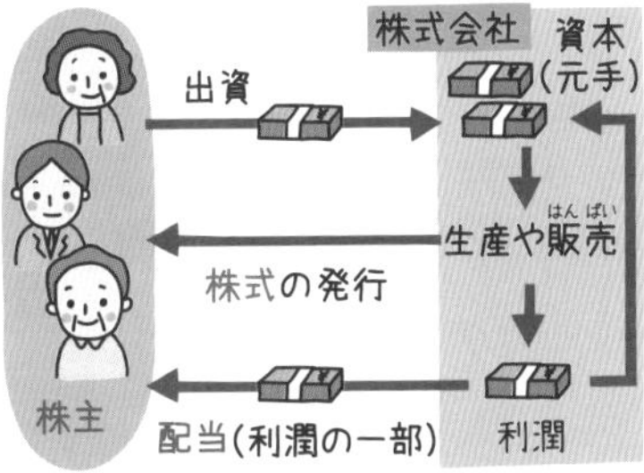

ゴロ合わせ 散歩（労働三法）の基準（労働基準法）は1日8時間！

労働三法は，労働基準法，労働組合法，労働関係調整法の3つの法律のことだよ。

法律名	内容
労働基準法	労働条件の最低基準を定める
労働組合法	労働者が労働組合を結成することなどを保障
労働関係調整法	労働者と使用者の対立を調整

★今夜のおさらい

株式会社の株式を購入《こうにゅう》した株主（出資者）は，利潤《りじゅん》（利益）の一部を配当として受け取る権利をもっています。

株主は，会社の経営方針などを決める株主総会に出席して意見を言うことができるよ。

労働者の権利を保障する，労働基準法，労働組合法，労働関係調整法を労働三法と呼びます。労働基準法には，労働時間は1日8時間以内など，労働条件の最低基準が定められています。

寝る前にもう一度

- 株式会社の株主は，利潤（利益）の一部を配当として受け取る。
- 散歩（労働三法）の基準（労働基準法）は1日8時間！

★今夜おぼえること

所得税は直接税で，代表的な累進課税《るいしんかぜい》。

所得が多くなるほど税率が高くなるんだね。

社会保障制度は2社（社会保険，社会福祉《ふくし》）・2公（公的扶助《ふじょ》，公衆衛生）の4本柱。

社会保障制度は，憲法第25条の生存権に基《もと》づいているんだよ！

日本国憲法第25条

①すべて国民は，健康で文化的な最低限度の生活を営む権利を有する。

★今夜のおさらい

✪ 所得税は，税を納める人と負担する人が同じ直接税で，所得が多くなると税率も高くなる累進課税《るいしんかぜい》の制度がとられています。

		直接税	間接税
国税		所得税 法人税 相続税	消費税 揮発油《きはつゆ》税 酒税・関税 たばこ税
地方税	都道府県税	道府県民税(都民税) 自動車税 事業税	地方消費税 ゴルフ場利用税 道府県たばこ税 (都たばこ税)
地方税	市(区)町村税	市町村民税 (特別区民税) 固定資産税	市町村たばこ税 (特別区たばこ税) 入湯税

▲主な税の種類　国に納めるのが国税，地方公共団体に納めるのが地方税。

☽ 憲法第25条の生存権に基《もと》づいて，社会保険，公的扶助《ふじょ》，社会福祉《ふくし》，公衆衛生からなる社会保障制度が整えられています。

社会保険	医療《いりょう》保険　年金保険　雇用《こよう》保険 介護《かいご》保険　労働者災害補償《ほしょう》保険
公的扶助	生活保護（生活・住宅・教育・医療などの扶助）
社会福祉	障がい者福祉　高齢《こうれい》者福祉 児童福祉　母子福祉
公衆衛生	感染症予防《かんせんしょうよぼう》　廃棄物処理《はいきぶつしょり》 上・下水道整備　公害対策ほか

▲日本の社会保障制度

寝る前にもう一度

- ✪ 所得税は直接税で，代表的な累進課税。
- ☽ 社会保障制度は２社（社会保険，社会福祉）・２公（公的扶助，公衆衛生）の４本柱。

□ 月 日
□ 月 日

★今夜おぼえること

安全保障理事会の5つの常任理事国は拒《きょ》否《ひ》権をもつ。

常任理事国はアメリカ，ロシア，イギリス，フランス，中国の5か国だよ。

温室効果《こうか》ガスの増加で地球温暖化が進む。

地球温暖化が進むと，異常気象や海面の上昇《じょうしょう》などの影響《えいきょう》が出るよ。

★今夜のおさらい

安全保障理事会での重要事項の議決は、**5つの常任理事国**のうち1か国でも反対すると決定ができません。これを**拒否権《きょひ》**といいます。

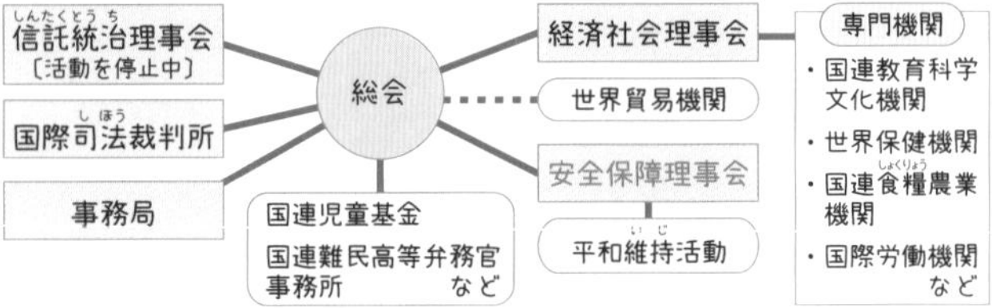

▲国連のしくみ

二酸化炭素（CO_2）など**温室効果《こうか》ガス**が増加して**地球温暖化**が進み、**干《かん》ばつなどの異常気象**や、**海抜《かいばつ》の低い島国が水没《すいぼつ》**するおそれなどの影響《えいきょう》が出ています。

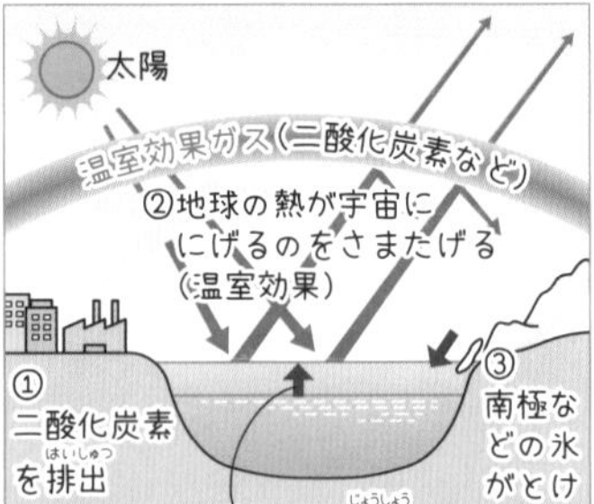

▲地球温暖化のメカニズム

寝る前にもう一度

- 安全保障理事会の5つの常任理事国は拒否権をもつ。
- 温室効果ガスの増加で地球温暖化が進む。

★今夜のおさらい

⭐白文（もとの漢文）に、訓点を付けたものを訓読文という。訓点に従って漢字仮名《かな》交じり文に直したものを書き下し文という。書き下し文では、日本語の助詞・助動詞に当たる漢字や送り仮名（例 非《あら》ズ・不《ず》）は平仮名に直す。

置き字（「而」など訓読のとき読まない字）は、書き下し文には書かないよ。

🌙主な返り点は、次の三つ。

● レ点…下の一字を先に読み、上に返る。

例 読ムレ書ヲ。

書き下し文 書を読む。

● 一・二点…一まで二字以上を先に読み、二に返る。

例 与《あた》フ二我ニ書一ヲ。

書き下し文 我に書を与ふ。

● 上・下点…間に一・二点を挟《はさ》み、上から下に返る。

例 有リ下朋《とも》自《よ》リ二遠方一来上タル。

書き下し文 朋遠方より来たる有り。

寝る前にもう一度

⭐漢文に訓点を補い、日本語の文法に従って読むことを訓読という。

🌙訓読するために入れる訓点は、返り点・送り仮名・句読点の三つ。

□月 日
□月 日

★今夜おぼえること

中2の復習

漢文に訓点を補い、日本語の文法に従って読むことを訓読という。

例

白文
人非木石

訓読文
人ハ非《あら》ズ二木《ぼく》石《せき》ニ一。

書き下し文
人は木石にあらず。

中2の復習

訓読するために入れる訓点は、返り点・送り仮名・句読点の三つ。

例

★今夜のおさらい

★★ **現代では使われていない、古文にしかない言葉がある。**

例 げに（本当に・全く）
つとめて（早朝・翌朝）
いと（非常に・たいそう）
やうやう（次第に・やっと）
いみじ（程度がはなはだしい）
つきづきし（ふさわしい・似つかわしい）

「ことに」は、現代でも文章を書くときに使われるよ。

🌙

● **現代語と意味が異なる古語もある。**

例 いたづらなり（現 悪ふざけをする・古 暇《ひま》だ・むなしい）

● **現代語の意味と、現代語にはない意味の両方をもつ古語もある。**

例 おどろく（現 びっくりする・古 目を覚ます）
あはれなり（現 みじめだ・古 しみじみした趣《おもむき》がある）

寝る前にもう一度

★★ 今日は、げに（本当に）ことに（特に）いたづらなり（暇だ）。

🌙 つとめて（早朝）、おどろく（目を覚ます）と景色がいと（とても）あはれなり（趣がある）。

□月　日
□月　日

★今夜おぼえること

中1の復習

今日は、げに（本当に）
ことに（特に）
いたづらなり（暇《ひま》だ）。

中1の復習

つとめて（早朝）、
おどろく（目を覚ます）と
景色がいと（とても）
あはれなり（趣《おもむき》がある）。

国語

★今夜のおさらい

歴史的仮名遣《かなづか》いのきまりには、次のようなものもある。

- 「ぢ・づ」→「じ・ず」
- 「くわ・ぐわ」→「か・が」
- 語中の「au・iu・eu・ou」→「ô・yû・yô・ô」
- **語頭以外**に「ふ」がある語は二段階で直す。

例 てふ→てう→ちょう

現在使われている言葉は、現代仮名遣いというよ。

- **連体形**で結ぶ「ぞ・なむ」、**已然《いぜん》形**で結ぶ「こそ」は強調の意味を表し、特に訳さなくてよい。
- **連体形**で結ぶ「や・か」は**疑問**・**反語**の意味で、「〜だろうか（疑問）」「〜だろうか、いや、〜ではない（反語）」と訳す。

係り結びは、係り結びの法則ともいうよ。

寝る前にもう一度

- 語頭以外の「は・ひ・ふ・へ・ほ」は「わ・い・う・え・お」。「ゐ・ゑ・を」は「い・え・お」。
- 係り結びとは、「ぞ・なむ・や・か」を連体形で、「こそ」を已然形で結ぶこと。

★今夜おぼえること

中1の復習

語頭以外の「は・ひ・ふ・へ・ほ」は「わ・い・う・え・お」。

「ゐ・ゑ・を」は「い・え・お」。

いいにほ《オ》ひ《イ》のゑ《エ》まきもの。

中2の復習

係り結びとは、「ぞ・なむ・や・か」を連体形で、「こそ」を已《い》然《ぜん》形で結ぶこと。

もと光る竹なむ（係りの助詞）一筋ありける（連体形）。

★今夜のおさらい

● 枕詞《まくらことば》…ある特定の言葉を導く五音のきまった言葉。

例 ひさかたの

● 序詞《じょことば》…ある言葉や句を導く六音以上の言葉。

例 いなばの山の峰《みね》に生ふ《ウ》る

● 掛詞《かけことば》…一つの音に複数の意味をもたせる技法。

例 まつ…「待つ」と「松」

和歌の中で最も多い形式が、五・七・五・七・七の三十一音から成る短歌だよ。

● 季語…季節を表す言葉で、原則一つ入れる。現代の季節より一か月ほど早い。

例 春（雛《ひな》）・夏（五月雨《さみだれ》）・秋（天の川）・冬（咳《せき》）

● 切れ字…感動や強調を表し、意味の切れ目になる。

例 ぞ・や・かな・けり

古典俳句は、江戸《えど》時代に確立された。松尾芭蕉《まつおばしょう》や与謝蕪村《よさぶそん》、小林一茶《こばやしいっさ》が代表的な俳人だよ。

寝る前にもう一度

- 和歌の表現技法には、枕詞・序詞・掛詞などがある。
- 古典俳句は五・七・五の十七音で、季語や切れ字に注目する。

□月□日 □月□日

★今夜おぼえること

☆ 和歌の表現技法には、枕詞《まくらことば》・序詞《じょことば》・掛詞《かけことば》などがある。

ひさかたの（枕詞《まくらことば》）
光のどけき春の日に
しづ《ズ》心なく花の散るらむ《ン》

紀友則《きのとものり》

立ち別れ
いなばの山の峰《みね》に生ふ《ウ》る（序詞《じょことば》）
まつとし聞かば今帰り来む《ン》

掛詞《かけことば》…「待つ」と「松」

中納言行平《ちゅうなごんゆきひら》

☽ 古典俳句は五・七・五の十七音で、季語や切れ字に注目する。

古池や
蛙《かわず》飛び込《こ》む
水の音

松尾芭蕉《まつおばしょう》

国語

★今夜のおさらい

格助詞「の」は、次のような点に注目して識別する。

- **部分の主語**…「が」と言い換《か》えられる。
  例 祖母が漬《つ》けた梅干し。
- **連体修飾《しゅうしょく》語**…体言に挟《はさ》まっている。
  例 梅の実の収穫《しゅうかく》を手伝う。
- **体言の代用**…「こと・もの」に言い換えられる。
  例 出来上がることを待つ。

助動詞「う・よう」は、次のように補えるか言い換えられるかで識別する。

- **推量**…「たぶん」を補える。
  例 23時ではたぶん遅《おそ》いだろう。
- **意志**…「〜つもりだ」と言い換えられる。
  例 明日連絡《れんらく》するつもりだ。
- **勧誘《かんゆう》**…「一緒《いっしょ》に」を補える。
  例 買い物に一緒に行こうと誘《さそ》う。

寝る前にもう一度

- 格助詞「の」は、部分の主語・連体修飾語・体言の代用を主に識別する。
- 助動詞「う・よう」は、推量・意志・勧誘を識別する。

月　日　月　日

★今夜おぼえること

☆☆☆ 格助詞「の」は、

部分の主語・連体修飾《しゅうしょく》語・体言の代用を主に識別する。

例
祖母の漬《つ》けた梅干し。　部分の主語
梅の実の収穫《しゅうかく》を手伝う。　連体修飾語
出来上がるのを待つ。　体言の代用

☽ 助動詞「う・よう」

は、推量・意志・勧誘《かんゆう》を識別する。

例
23時では遅《おそ》いだろう。　推量
明日連絡《れんらく》しよう。　意志
買い物に行こうと誘《さそ》う。　勧誘

★今夜のおさらい

助動詞「れる・られる」は、次のように言い換えられるか補えるかで識別する。

- 受け身…「～ことをされる」

例 手伝いを頼《たの》むことをされる。

- 可能…「～ことができる」

例 すぐに始めることができる。

- 自発…「自然に」を補える。

例 喜びが自然に感じられる。

- 尊敬…「お(ご)～になる」

例 お客様がご注文になる。

- 格助詞の「が」は、体言か助詞に接続している。

例 試合《体言》が始まる。

- 接続助詞の「が」は、活用語に接続している。

例 苦戦した《助動詞》が、勝った。

- 接続詞の「が」は、単独で文節になっている。

例 勝った。／が、／接戦だった。

接続助詞の「が」のほうは、文節の一部になっているよね。

寝る前にもう一度

助動詞「れる・られる」は、受け身・可能・自発・尊敬を識別する。

「が」は、格助詞・接続助詞・接続詞を識別する。

★今夜おぼえること

✪助動詞「れる・られる」は、受け身・可能・自発・尊敬を識別する。

例 手伝いを頼《たの》まれる。 受け身
すぐ始められる。 可能
喜びが感じられる。 自発
お客様が注文される。 尊敬

☽「が」は、格助詞・接続助詞・接続詞を識別する。

例 試合が始まる。 格助詞
苦戦したが、勝った。 接続助詞
勝った。が、接戦だった。 接続詞

★今夜のおさらい

☆

- 助動詞の「ない」は「ぬ」と言い換《か》えられる。

例 とても食べ切れぬ。

- 補助形容詞の「ない」は、直前に「は・も」を補える。

例 おいしくはない。

- 形容詞の一部の「ない」は、右の二つの条件に当てはまらない。

例 ×もったいぬ。
×もったいはない。

☽

- 動詞の「ある」は、「存在する」と言い換えられる。

例 旅行の計画が存在する。

- 補助動詞の「ある」は、直前に「て（で）」がある。

例 航空券は取ってある。

- 連体詞の「ある」は、「存在する」と言い換えられない。

例 ×存在する日の旅先での出来事。

寝る前にもう一度

☆「ない」は、助動詞・補助形容詞（形式形容詞）・形容詞の一部を識別する。

☽「ある」は、動詞・補助動詞（形式動詞）・連体詞を識別する。

★今夜おぼえること

「ない」は、助動詞・補助形容詞（形式形容詞）・形容詞の一部を識別する。

例
とても食べ切れない（助動詞）。
あまりおいしくない（補助形容詞）。
捨てるのはもったいない（形容詞の一部）。

「ある」は、動詞・補助動詞（形式動詞）・連体詞を識別する。

例
旅行の計画がある（動詞）。
航空券は取ってある（補助動詞）。
ある（連体詞）日の旅先での出来事。

★今夜のおさらい

★ 助動詞とその意味には、次のようなものがある。

- れる・られる…受け身・可能・自発・尊敬
- う・よう…推量・意志・勧誘《かんゆう》
- ない・ぬ（ん）…否定（打ち消し）
- だ・です…断定

付属語は、常に自立語の下に付いて文節の一部になるよ。

☽ 助詞の種類と働きには、次のようなものがある。

- が・の・を（格助詞）…文節の関係を表す。
- ば・と・のに（接続助詞）…接続の関係などを表す。
- は・も・こそ（副助詞）…意味を添《そ》える。
- か・なあ・ね（終助詞）…気持ちや態度などを表す。

寝る前にもう一度

★ 活用する付属語は、助動詞。意味を加えたり、気持ちや判断を表したりする。

☽ 活用しない付属語は、助詞。関係を示したり、意味を添えたりする。

□ 月 日
□ 月 日

★今夜おぼえること

中2の復習

活用する付属語は、助動詞。意味を加えたり、気持ちや判断を表したりする。

食べたい。
食べよう。
おいしいらしい。
ポテチ

中2の復習

活用しない付属語は、助詞。関係を示したり、意味を添《そ》えたりする。

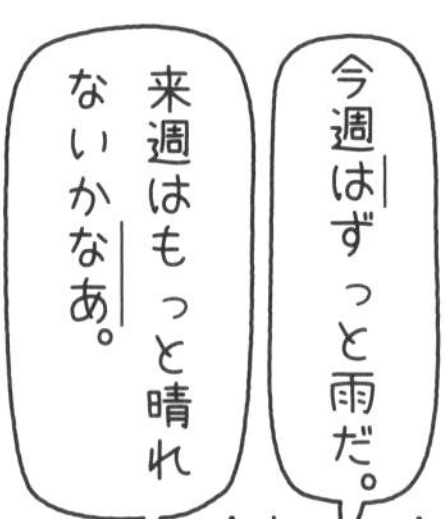
今週はずっと雨だ。
来週はもっと晴れないかなあ。

★今夜のおさらい

- 名詞は主に主語になり、体言とよばれる。
例 雲・八月・これ・私
- 副詞は主に連用修飾《しゅうしょく》語になる。例 ふと・ついに
- 連体詞は連体修飾語になる。例 この・いわゆる
- 接続詞は、接続語になる。
例 それに・だから・でも
- 感動詞は、独立語になる。
例 まあ・はい・おはよう

用言の基本の形(終止形)は、動詞はウ段の音、形容詞は「い」、形容動詞は「だ・です」で終わる。用言は主に述語になる。
例 見る・笑う(動詞)
楽しい・美しい(形容詞)
見事だ・静かです(形容動詞)

単語は十品詞に分けられ、自立語はそのうちの八つ。自立語は、それだけで文節を作ることができるよ。

寝る前にもう一度

- 活用しない自立語は、名詞・副詞・連体詞・接続詞・感動詞の五つ。
- 活用する自立語は、動詞・形容詞・形容動詞の三つで、まとめて用言とよばれる。

★今夜おぼえること

中1の復習

活用しない自立語は、名詞・副詞・連体詞・接続詞・感動詞の五つ。

あの（連体詞） 雲（名詞）は とても（副詞） 大きい。

それに（接続詞） 真っ白だ。

中2の復習

活用する自立語は、動詞・形容詞・形容動詞の三つで、まとめて用言とよばれる。

茶色い（形容詞） 犬が 元気に（形容動詞） 走る（動詞）。

★今夜のおさらい

☆①「微妙《びみょう》」の「微」は、同じ部分をもつ「徴」に注意。

②「陥《おちい》る」は、「望ましくない状態になる」という意味。送り仮名にも注意。

③「示唆《しさ》」は、「それとなく示すこと」という意味。

⑤「発揮《はっき》」の「揮」は同音異字の「輝」に注意。

④「真剣《しんけん》」の「剣」には、同音異字「検・険・倹」があるね。

☾②「徹底《てってい》」の「徹」は、同音異字の「撤」に注意。

③「遂行《すいこう》」の「遂」は、同じ部分をもつ「逐」に注意。「遂行」とは「やりとげること」という意味。

⑦「浸透《しんとう》」の「浸」は、同音異字の「侵」に注意。

④「紹介《しょうかい》」の「紹」は「招」、⑤「歓迎《かんげい》」の「迎」は「仰」と書かないようにね。

寝る前にもう一度

☆微妙《びみょう》にスランプに陥《おちい》るが、示唆《しさ》に富んだアドバイスで真剣《しんけん》に取り組み、実力を発揮《はっき》。

☾新商品の普及《ふきゅう》を徹底《てってい》して遂行《すいこう》。大勢に紹介《しょうかい》、歓迎《かんげい》される。顕著《けんちょ》に浸透《しんとう》した過程《かてい》を分析《ぶんせき》。

2. 漢字：入試頻出《ひんしゅつ》漢字②

□月　日　□月　日

★今夜おぼえること

☆☆☆ ①微妙《びみょう》にスランプに②陥《おちい》るが、③示唆《しさ》に富んだアドバイスで④真剣《しんけん》に取り組み、実力を⑤発揮《はっき》。

☾ 新商品の①普及《ふきゅう》を②徹底《てってい》して③遂行《すいこう》。大勢に④紹介《しょうかい》、⑤歓迎《かんげい》される。⑥顕著《けんちょ》に⑦浸透《しんとう》した⑧過程《かてい》を⑨分析《ぶんせき》。

★今夜のおさらい

①「漂《ただよ》う」は、「空中や水面などで揺《ゆ》れ動く」という意味。送り仮名も覚えよう。

⑤「指摘《してき》」の「摘」は、同音異字の「適・滴・敵」に注意。

⑦「獲得《かくとく》」の「獲」は、同じ部分をもつ「穫」に注意。

①「漂」は「標」、③「眺」は「挑・跳」という同じ音読みの漢字があるよ。

②「維持《いじ》」の「維」は、同じ部分をもつ「推」に注意。

③「促《うなが》す」は、「ある行為《こうい》をするように仕向ける」という意味。送り仮名も覚えよう。

④「著しい」は、「はっきりわかる様子」という意味。

⑦「余裕《よゆう》」の「裕」の「衤」を「礻」と書かないように。

⑧「容易」には、同音異義語の「用意」があるね。

寝る前にもう一度

川を漂《ただよ》う魚を穏《おだ》やかに眺《なが》める。矛盾《むじゅん》を指摘《してき》されて納得《なっとく》。たくさん獲得《かくとく》、夕食に貢献《こうけん》。

現状を把握《はあく》、維持《いじ》を促《うなが》す。著《いちじる》しい錯覚《さっかく》に目を覆《おお》うも、余裕《よゆう》で容易《ようい》に克服《こくふく》。

1. 漢字：入試頻出《ひんしゅつ》漢字①

月　日
月　日

★今夜おぼえること

川を①漂《ただよ》う魚を②穏《おだ》やかに③眺《なが》める。④矛盾《むじゅん》を⑤指摘《してき》されて⑥納得《なっとく》。たくさん⑦獲得《かくとく》、夕食に⑧貢献《こうけん》。

現状を①把握《はあく》、②維持《いじ》を③促《うなが》す。④著《いちじる》しい⑤錯覚《さっかく》に目を⑥覆《おお》うも、⑦余裕《よゆう》で⑧容易《ようい》に⑨克服《こくふく》。

国語

国語は
こちら側から
始まるよ！

編集協力：小縣宏行，有限会社オフサイド，鈴木瑞穂，(有)バンティアン，野口光伸，青山社，木村紳一

表紙・本文デザイン：山本光徳
本文イラスト：山本光徳，株式会社アート工房，さとうさなえ，森永みぐ，松本麻希，まつながみか
DTP：株式会社明昌堂　データ管理コード：23-2031-2918（CC2019）
図版：木村図芸社，株式会社明昌堂

※赤フィルターの材質は「PET」です。

◆この本は下記のように環境に配慮して製作しました。
・製版フィルムを使用しないCTP方式で印刷しました。
・環境に配慮して作られた紙を使用しています。

寝る前5分 暗記ブック 中3 高校入試 改訂版

⑧